ものづくりの革新

英米日の歴史に見る製造現場の管理

和田一夫

有斐閣

目　　次

序 ———————————————————————————— i

第1章　イギリスにおける革新
産業革命期の多層階綿工場はどのように管理されたのか？　　5

1　課題の設定
多層階の綿工場の内部はどうなっていたのか？ …………………6

2　産業革命期から 19 世紀末までの綿工場の変遷
概　観 ………………………………………………… 10

3　多層階綿工場の内部はどのように編成されていたか？
2 事例の検討 ………………………………………… 16

（1）　綿工場内部の編成がわかる資料　16
①ノース・ミル：水力紡績工場 16　②オレル氏の工場 19

（2）　綿工場内部の構成：ノース・ミルの事例　21
①立地と動力源，外観 21　②水車から作業機への動力伝達の仕方 25　③工場内における作業機械の配置 30
④工程編成の特徴 31

（3）　オレル氏の綿工場の内部　33
①立地と外観 33　②動力源と作業機械の配置 36
③作業機械への動力伝達の仕方 40　④工程編成の特徴 42

（4）　両工場からわかること　45
①仕掛品の運搬 45　②動力を作業機械に伝達するシャフト 46　③動力を作業機械に伝えるなかで歯車が多用

i

目　次

　　　　されていた 47　　④精紡機にかける前の準備工程 49
　　　　⑤まとめ 49

4　19 世紀の多層階紡績工場の内部構成 ························· 51

　　(1)　多層階紡績工場の外観　　52

　　(2)　多層階の綿紡績工場の内部構成　　55

5　多層階の綿工場の工程編成は誰が決めたのか？ ··········· 56

6　多層階の綿工場の工場管理者は何をしていたか？ ········ 58

　　(1)　実際の工場管理者は何をしていたのか？
　　　　ある若者の実例　　59

　　(2)　実務書が工場の管理者にとって重要だとしていたこ
　　　　と　　60

　　(3)　実務書では，何をすべきでないとしていたか？
　　　　63

　　(4)　異なる工場内物流に対して，モンゴメリーはどのよ
　　　　うに反応したか？　　65

　　(5)　工場管理者の対応の特徴　　67

第2章　アメリカにおける革新
スプリングフィールド工廠の「緻密」な　　　71
管理はどのように遂行されたのか？

**1　なぜスプリングフィールド工廠を対象とし，
　　どの時期を扱うのか？** ······································ 72

**2　スプリングフィールド工廠はどこに立地し，
　　敷地内はどのようになっていたか？** ······················ 75

　　(1)　スプリングフィールド工廠はどこに立地していた
　　　　か？　　75

目　次

(2)　ウォーター・ショップス：丘陵の下にある作業所
　　　80

(3)　ヒル・ショップス：丘陵の上にある地域の内部構成
　　　85

(4)　スプリングフィールド工廠の内部構成の特徴　　92

3　スプリングフィールド工廠における管理
　　緻密な記帳による資材移動の管理，部品の全数チェック …… 95

(1)　リー大佐の管理下でのスプリングフィールド工廠
　　　95

　　①工廠を管理する責任者は誰か？　95　　②広大な敷地，
　　分散する作業所，労働の細分化，出来高払い給の労働者増
　　大に，どのように対応したのか？　97　　③どのように製
　　作品の品質をチェックしていたか？　100

(2)　一人当たりの生産高は上昇したのか？　　102

4　スプリングフィールド工廠での管理に
　　問題はなかったのか？ …………………………………… 105

(1)　労働者の出来高払いの算定に関する疑問提起　　105

(2)　ダニエル・タイラーは，どのような時期に工廠にい
　　　て，どのような役割を果たした人物か？　　109

(3)　監督ロブは，出来高払い給の問題に
　　　どのように対応したのか？　　111

(4)　リプリー監督の下で，出来高賃金給の問題は
　　　どのように扱われたか？　　113

5　スプリングフィールド工廠の管理上の問題は
　　何だったのか？ …………………………………………… 117

iii

目　次

第3章　日本における革新
「ものづくり現場」での「伝票」の役割はどのようなものなのか？　123

1　日本の「ものづくり現場」でよく使われている用語 …… 124

2　日本のものづくり現場で飛び交う用語「伝票」とは？
……………………………………………………………… 127

(1)　ものづくり現場での「伝票」の使用は，
いつごろから広まったのか？　127

(2)　日本では「伝票」という用語の使用は，
いつごろ始まったのか？　129

(3)　ものづくり現場での「伝票」の使用は，
日本が独自に生み出したのか？　130

3　メトカーフとはどのような人物で，
どのような提言をしたのか？ …………………………… 133

(1)　メトカーフとはどのような人物なのか？　133

(2)　メトカーフはどのような提言をしたのか？　134

4　メトカーフ提言の変革案 ………………………………… 137

5　伝票はデジタル時代には不適合なものなのか？ ……… 142

(1)　カードの数値情報の集約に新たな機器の導入　142

(2)　パンチカード・システムを使用した工程管理の事例
144

6　「かんばん」は本当にメトカーフの提言の意味で
「カード」（伝票）なのか？ ……………………………… 146

(1)　「外注かんばん」はどのような役割を果たしている
か？　147

(2)　「外注かんばん」の ND コードは何の役割を果たし

iv

ているのか？　154

(3)　NDコードの導入前，「外注かんばん」ではどのよう
に「会計記録の基礎」となる情報を生み出してい
たのか？　155

(4)　「かんばん」は伝票の役割を果たしているのか？
158

7　「伝票」が果たしている役割とは？
まとめと現在の状況 ……………………………………… 162

結 ——————————————————————— 169

文 献 目 録　181
あ と が き　193
索　　引　197
人名索引 197　　事項索引 198

v

序

　本書は「ものづくり現場とその管理」を扱った書物であるが，扱う対象とする国は，イギリス，アメリカ，それに日本である。なぜ，そうなったのかを説明しておこう。

　この書物は，「ものづくり」（製造）現場を数多く扱って，そこで行われている管理について記述しようとしたものではない。「ものづくり」が歴史的にみて転機を迎えた時期と場所を取り上げ，その代表的な「ものづくり現場」を取り上げた。

　最初に扱ったのはイギリスの綿業である。イギリスの産業革命については，多くの書物や大学の講義などで大いに語られてきた。その際，綿業については特に力をおいて語られるといっても過言ではないだろう。イギリスの 19 世紀においては，綿業が少なくとも基幹産業の一つだったと呼ばれても不思議ではないほど，経済的な重要性があった。しかし，産業革命の研究はその形成過程に重点を置き，綿業では 19 世紀に主流となった多層階の紡績工場の内部については説明されることがなかった。だが，産業革命期以降，綿業では多くの技術革新が行われるなかで，機械設備が多層階の紡績工場に設置され，綿糸の製造が行われていた。多層階に機械がどのように設置されており，その多層階の工場を管理者はどのように管理していたのか，そ

I

序

して特に留意していたこととは何だったのかを調べたいと思った。

「ものづくり」における重要な革新は，相互互換性のある部品を用いて製品を作ることだった。その互換性部品が最初に注目を浴びたのは，1851 年にロンドンで開催された水晶宮博覧会（第一回の万国博覧会）である。そこで展示されていた互換性部品により製造された銃にイギリスの一部の軍事関係者が注目し，アメリカにまで調査団を送ったが，その訪問先の一つがマサチューセッツ州にあったスプリングフィールド工廠であった。[1]この工廠が互換性製造に大きな役割を果たしたことはよく知られている。だが，この工廠がどのような内部構成だったのかは，あまり知られていない。さらに，経営史家のチャンドラーが『経営者の時代』で，この工廠を取り上げ，ロズウェル・リーが工廠監督だった時に，互換性製造だけでなく管理法にも大きな進展があったと論じた。[2]だが，以前の研究によると，ロズウェル・リーが工廠監督だった以後に工廠の管理には問題が生じたことは明らかだっただけでなく，[3]近年の研究では新たな資料が見出され，ロズウェル・リーが工廠監督だった時期の問題も指摘されていた。[4]これらのことを念頭に，スプリングフィールド工廠の管理とその問題点を考えることにした。

---

1) ハウンシェル（1998）83-84 頁。
2) チャンドラー（1979）127-131 頁。
3) Deyrup（1948）．
4) さしあたり，Hoskin and Macve（1994）などが言及している Tyler（1883）を参照。

2

序

　日本での研究を顧みると，スプリングフィールド工廠の内部については，ほとんど紹介されることもなかった。だが，この工廠については，その立地だけでなく，内部の変遷にいたるまで，詳細な研究もあり，それを手掛かりに工廠内部の構成について簡単に紹介した。端的にいえば，広大な敷地に作業所が散在しており，綿工場と比較しても管理は非常に困難だと考えられた。こうした状況で，どのように管理しようとしたのかを明らかにしようとした。

　イギリス，アメリカの具体的な「ものづくり」の現場を取り上げ，そこでの管理について検討してきたが，日本での「ものづくり」の現場を取り上げようと考えをめぐらしたときに頭に浮かんだのは「伝票」という言葉であり，具体的な工場の現場ではなかった。この「伝票」という言葉は，小さい頃，故郷の小さな町工場で何度か聞いており，成人してから自動車関係の工場を訪問しているときにも，「かんばん」という言葉に負けないほどの回数を，小さな工場でも大工場でも，さまざまな製造の現場で耳にした。しかも，「かんばん」を研究した書物でも，「かんばん」を「伝票」と呼んでいることがわかると，なんだろうと思った。しかも，生産管理に関する研究書や教科書でも，「伝票」という用語は何度も使われている。「伝票」を国語辞書で調べても，「会計記録の基礎となるもの」といった説明しかないにもかかわらず，なぜ日本では「ものづくり」現場

―――――――――――
5)　Raber *et al.*（1989）.

3

で盛んに「伝票」という用語が使われ，専門書や教科書でも何の説明もないまま「伝票」という用語が使われているのか。こうしたことが頭から離れなくなり，この「伝票」という用語が，日本の「ものづくり」の現場でいつ頃から使われはじめ，そもそも何故，「会計記録の基礎となるもの」といった用語を「ものづくり」の現場が使っているのかを確かめようと考えた。

　本書は「ものづくりの革新」というタイトルであるが，ここで扱った対象は，教科書や専門書でも正面から取り扱っていないものが並んだ。ただ，「ものづくり現場」とその管理を考えようとする場合には，頭の片隅には入れておいたほうがよいと思うようなテーマが並んでいる。これは，別に意図したことではなく，著者が調べて気になることを追いかけた結果である。

　本書のタイトルには「革新」という用語が含まれ，副題に「英米日」3カ国の名が挙げられている。おそらく，英米で取り上げた事例が「革新」であることに異論はあまりないであろうが，日本の事例で取り上げた「伝票」に関しては，「革新どころか伝統そのものではないか」というお叱りもあろう。しかし，「伝票」を採用したことは，実は大きな「革新」であったのである。

第1章

イギリスにおける革新

産業革命期の多層階綿工場はどのように管理されたのか？

1798年から1912年に建設された綿紡績工場（2003年撮影）
　グレーター・マンチェスター地域の初期の工場としては，良い状態で残存している建物。マンチェスターの初期の工場はサイズが大きく，蒸気力に依存しているだけでなく，運河沿いに密集して建てられている。

写真提供：Getty/Alberto Manuel Urosa Toledano

1 課題の設定
―― 多層階の綿工場の内部はどうなっていたのか？

　21世紀の現在，製造業の工場は平屋の建物内にあることが多い。もちろん多層化した建物で製造がおこなわれるIC製造工場の例もあるが，自動車工場のように多くが平屋の建物になっている。これに対し都市部の住居や商業施設，会社の事務などの管理部門は，多層階の建物になっている。

　このような工場と住居などとの違いが生じたのは20世紀初めであった。自動車産業の工場は20世紀初頭にあっても，多層階の建物で行われていた。フォード社のハイランド・パーク工場は多層階の建物であったが，その内部で流れ作業方式による自動車の組み立てが始まると，多層階の建物内部で組み立て作業を実施することが効率的ではないことに気づき，フォード社が建設した次の主力工場リバー・ルージュ工場での自動車の組み立ては平屋の建物で行われた。[1]電力が動力源となり，作業機械に個別にモーターが取り付けられるようになり，作業機械を工程順に平面上に配置することが合理的と考えられるようになった。一方，19世紀末にはニューヨークに高層建築が出現し始めたが，20世紀になると摩天楼とよばれるように多数の高層建築が立ち並ぶようになっていた。日本でも高度成長期に

---

1)　ハウンシェル（1998）第6,7章；塩見（1978）第5章；大河内（2001）；和田（2009）の特に第1章(3)と(4)，を参照。

1 課題の設定──多層階の綿工場の内部はどうなっていたのか？

なるとマンションと呼ばれる高層住宅が出現し始め，20世紀末には都市部では高層建築の住宅は珍しいものではなくなった。

　これに対し19世紀に眼を向けてみると，多層化した建物に多くの製造施設があった。そんな中でも象徴的なのは，イギリス産業革命を推進した綿業の工場である。なぜなら，綿工業がイギリス経済にとって重要な産業であったからである。この点についてランデスは，著書で端的に次のように述べる。

　　1760年のイギリス（ブリテン）では，約250万ポンドの原綿が輸入され，ランカシャーの農村地域の到る所に散在する綿工業に供給された……。……一世代後の1787年になると，原綿の消費量は2,200万ポンドにも達し，綿工業は被傭者数や生産額の点で毛織物工業に次ぐ第二位の工業になっていた……。使用される糸の殆どは機械で洗い上げられ，梳綿され，紡がれ，その機械は，大きな工場では水力を動力とし，小規模な仕事場やさらに小さな家屋では人力にたよっていた。そして半世紀の後になると，原綿の消費量が3.66億ポンドに増え，綿工業は生産額，投資額，被傭者数の点で王国第一の重要産業になった……。……綿工場はイギリス工業の偉大さの象徴であり，綿工業労働者は工業プロレタリアートの台頭というイギリス最大の社会問題の象徴だったのである[2]。

このように「生産額，投資額，被傭者数の点で王国第一の重

─────────────
2）　ランデス（1980）53頁。

7

第1章　イギリスにおける革新

要産業」[3]となった綿工業ではあるが，その製造工場，綿工場の
内部については，研究者が語ることはほとんどなかった。

　本章では最初に綿工場の内部の工程がどのように編成されて
いたのかを検討したい。産業革命期から19世紀末までの綿工
場では，水力や蒸気力を使い複数種類の作業機械を動かしてい
た。つまり，原動機から伝導機構（歯車，シャフト，滑車，ベル
ト）を用いて動力を伝えて，作業機械を動かしていたのである。
綿業自体は「同一対象をつぎつぎと加工してゆく進行工業」で
あり[4]，ある作業機械での加工を終えると，次の作業機械へと運
ばれて加工が進行していく。加工作業の順序は予め決まってお
り，ある特定の作業機械での加工を終えた後に，次に作業すべ
き機械も決まっている。このように書けば，綿工場での工程
（作業手順）は決まっているのだから，工場内にその工程どおり
に作業機械を並べていけば良いだけだと思いがちである。たし
かに，十二分な広さの平面が確保されていれば，工程順に機械
を並べるだけで済むのかもしれない。だが，この時期の綿工場
は，多層階になっていた。原動機からの動力を効率的に使うた
めに（あるいは，高い地価もあって），工場を平面的に広い敷地に
拡大していくことは現実的ではなく，綿工場は一定規模の大き
さになると，平屋造りの工場ではなく，多層階の建物に作業機
械などを設置したのである（力織機が出現すると，織布工場は次第
に紡織工場と分離し，平屋建ての建物で営まれることになるので，本

---

3)　ランデス（1980）53頁。

4)　堀江（1971）6頁。

8

1 課題の設定——多層階の綿工場の内部はどうなっていたのか?

章で主に対象とするのは紡績工場である)。

　綿工場内部の何階にどの種類の作業機械を配置するかが決まれば,作業機械の種類により作業機械を稼働させるための動力の伝え方が異なっているため,作業機械に即した伝動機構を設置する必要が生じる。さらに,何階にどの種類の作業機械を設置するかによって,ある機械での作業を終えた仕掛品が移動する経路が異なってくる。20世紀に実現した工場のように個別モーターで稼働している作業機械を備えている工場では,作業機械の配置は比較的自由である。しかし,本章が対象とする綿工場では「原動機から伝導機構を介して伝えられた動力が作業機械を動かしている」などと言うように,作業機械の配置には制約が多かった。工場内部では「加工の順序,つまり製品の移動の経路」に沿って編成するには,作業機械に即した適切な伝動機構が配置される必要があった。

　本章が対象とする綿業では「同一対象をつぎつぎと加工していく」のだから,ある特定の作業を終えた仕掛品は(何らの手間も掛けずに自動的に次の作業機械で加工されることがないかぎり),次に加工を行う作業機械に運ぶ必要がある。つまり,多層階の工場では作業機械の配置だけでなく,仕掛品の移動経路がどのようになっていたかを検討する必要がある。中岡哲郎は『工場の哲学』で,工場で行われる「各作業を,加工の順序,つまり製品の移動の経路に再編成した」工程に着目する重要性を指摘し,工程こそが「分業にもとづく協業という工場生産の特徴を圧縮した概念」だとしたが,まさしく工程に着目して,綿工場

9

第 1 章　イギリスにおける革新

の内部を考察することが本章のさしあたっての検討すべきこと
となる。そのうえで，綿工場を管理していた工場管理者は何に
重きをおいて管理してたのかを考えてみたい。

2　産業革命期から 19 世紀末までの綿工場の変遷——概観

　産業業革命初期には，綿工場といっても「作業場に毛の生え
た程度にすぎず，……一台か二台のジェニーまたはおそらくミ
ュールと粗糸を調整する梳綿機を一台備えていただけで……初
期の装置は，それを操作する男工または女工の手で動かされて
いた。屋根裏部屋や小屋がこの目的のために改造され」[6] たもの
だった。その後，綿工場は大きく変わる。アークライトが
1765 年に取得した特許は馬力を使って機械を動かすというも
のであり，当初，水力の利用は考えていなかった。だが，アー
クライトは，「馬を動力とする小規模な設備で生産を試みたあ
と，……富裕なメリヤス業者たち，すなわちノッティンガムの
サミュエル・ニードおよびダービイのジュダイア・ストラット
の援助を求め，……1771 年に彼［アークライト］はクロムフォ
ードに水力で動く大きな工場を設立」[7] する。この工場が「工場
制度の歴史における転機の一つ」[8] となった。さらに「1775 年

---

5)　中岡（1971）32 頁。

6)　ランデス（1980）77 頁。

7)　アシュトン（1973）85 頁。

8)　Fitton and Wadsworth（1958）p.64.

2 産業革命期から19世紀末までの綿工場の変遷──概観

アークライトは，他人のアイデアを綜合し，さらにそれにクランクとコウムの装置（crank and comb）を付加して，シリンダー式梳綿の特許を得た。これは，ローラー式紡績と同じように超人間的動力を必要とし，その結果，通常この二つの工程は工場の中で相並んで営まれることになった」[9]。ここに少なくとも紡績と梳綿の2工程が工場で営まれることになった。

アークライトがクロムフォードに1771年に設置した最初の工場は，97フィート×31フィート（約30m×約9m）の大きさで5階建ての工場であり，2番目に1777年に設立した工場は120フィート×30フィート（約37m×約9m）の大きさで7階建ての工場だった[10]。アークライトが水力で動かす綿工場を設立した頃から，綿工場は多層階の建物で営まれていたが，その内部構成については資料が残っていない。

このアークライト型の綿工場は綿糸の生産高の上昇に大きく貢献したが，特に1785年にアークライトの特許の有効期間が切れるとともに，その工場数も増した。S. D. チャップマンによれば，1787年にはアークライト型工場がイギリスでは208工場が稼働していたという（図1-1参照）。このうち66工場は，どの程度の大きさの工場だったかも調査から判明し，その多くが70フィート×30フィート（約21m×約9m）の大きさで，3ないし4階の多層階の工場で，100人から200人を雇用していたという[11]。

---

9) アシュトン（1973）85頁。
10) Chapmann（1981-82）p.26.

第1章 イギリスにおける革新

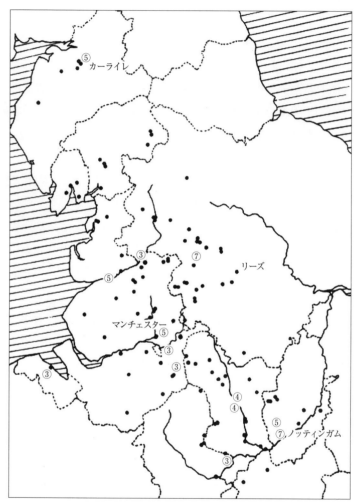

図1-1 北部イングランドにおけるアークライト型綿工場の分布（1788年）
（注） 綿工場が同じ場所に1つ以上あった場合には〇印内側の数だけ工場が存在
していたことを示している。
（出典） Chapmann（1981-82）p.7.

2　産業革命期から19世紀末までの綿工場の変遷――概観

　綿工場内の作業機械を蒸気力によって稼働できるようになると，都市部に工場を設置することが可能になった。[12]1770年代に運河が開通し交通の便がよくなったマンチェスター近郊に工場の立地が移り，地価が高いこともあって多層階の綿工場を建設して，最大の生産能力を得ようとして，[13]「当時の人々を畏怖させた巨大な高層の工場」が綿業で出現し始めた（なかには8階建ての工場もあったというが，普通はそれより低層の工場だったと思われる[14]）。だが，その数はまだ少なく，農村地帯における工場は1810年代末頃まで，その数は着実に増加していた。しかし都市部の工場数は急速に伸び始める。マンチェスターおよびその近郊には1782年には二つの綿工場しかなかったが，1802年には52の綿工場が出来ており，[15]1811年になるとランカシャー州で生産される綿糸の多くが都市で紡がれていた。[16]さらに力織機が普及し，「1820年以降になると，紡績業者がその工場に織布場を附設する傾向が増大して来た」。[17]つまり紡・織両工程を営む工場は「1820年代から40年代にかけて急速に増加した」。[18]1850年代になると織布工程にのみ特化した工場が北部ランカシャーで急激に増加し，それに伴って紡績工場と織布工場は別

---

11)　Chapmann（1981-82）p.26.
12)　アシュトン（1973）80頁。
13)　Williams and Farnie（1992）p.19.
14)　ランデス（1980）77頁。
15)　アシュトン（1973）87頁。
16)　アシュトン（1973）87頁。
17)　アシュトン（1973）88頁。
18)　中川（1986）59頁。

第 1 章　イギリスにおける革新

個の工場によって営まれるとともに,「ランカシァーの南北へはっきりと地域的分化を遂げる傾向が強まった[19]」だけでなく,紡績は多層階の工場で,織布は平屋造りの工場で営まれることが一般的になっていった。

　19 世紀末頃になると,綿紡績工場でも多層階ではなく平屋造りの工場の方が効率的だと考える者もいたが,その考えが実現することはほとんどなかった。蒸気機関ではなく電力を動力に変えるアイデアは 19 世紀末頃から広まり,20 世紀になると外部から電気を引いて工場を稼働させるようにもなったが,工場は多層階のままであった。その後,1900 年から 1910 年に綿工場の建設ブームがあったが[20],1930 年代以降になると繊維産業は急速に衰退し始め,綿工場の新たな建設・増設は行われなくなり,1980 年代には綿工場の半分以上が消失しただけでなく,残った工場の多くが廃墟となったり,補助金による取り壊しを待つといった状態になったりした[21]。

　このように 19 世紀のイギリスで主力産業であった綿工業の

---

19)　中川 (1986) 60 頁。

20)　Williams and Farnie (1992) p.14. このブームの時期にランカシァー州だけで約 200 の工場が新設されたという。こうした工場建設の結果,イギリスの工場に設置された紡錘数は世界全体の 39 パーセント,力織機の台数は世界全体の 29 パーセントにも達した。また,ランカシァー州の中でも綿業の中心となっていたのは,マンチェスターを中核とするグレーター・マンチェスターであり,1926 年にはその地域だけでランカシァー州全体の 88% に相当する 51 万台の紡績機,27% に相当する力織機があり,約 2,000 の工場が操業していたという (Williams and Farnie, 1992, p.17)。

21)　Williams and Farnie (1992) p.1.

生産を支えた工場，より限定的に言えば紡績工場は，多層階の建物で営まれていた。しかし，21世紀には，イギリスの綿工場にはかつて「生産額，投資額，被傭者数の点で王国第一の重要産業」を支えた面影はない。

　本章では，多層階で営まれていた綿工場の内部がどうなっていたのかを考えてみたい。産業革命については「工場制」の成立が論じられる。だが，具体的な「工場」そのものについては単に「原動機，伝達機構，作業機を備えた施設」などと説明されることが多い。しかし，これでは「機械などを使って多くの労働者が分業によって協力しながら継続的に物品の製造や加工に従事する施設」（『広辞苑』第七版）という「工場」の辞書的な説明と変わらず，多層階の綿工場でどのように作業機械が配置されていたのか，また綿工場の管理を具体的にイメージすることも難しい。産業革命期の研究では，特に綿業に関して数多くの技術革新が論じられてきたが，綿工場の内部で作業機がどのように配置されていたかについては，ほとんど論及されることがなかった。20世紀の自動車工場，特にその組立工場の内部について多く言及されてきたのとは対照的である。

　本章では，実際に多層階の綿工場がわかる二つの実例を紹介した後，19世紀の多層階の綿工場の一般的な構成の特徴を考えてみたい。さらに，多層階綿工場の管理者は何に重きをおいて管理していたのかを考えることにしたい。

3 多層階綿工場の内部はどのように編成されていたか？
　──2 事例の検討

(1) 綿工場内部の編成がわかる資料

　多層化した綿工場の内部についての言及が少なかったのは，企業外部で公開されている綿工場内部がわかる資料が少なかったからである。一時期，マンチェスターの綿工場の管理者であったロバート・オウエンは，18 世紀末の状況について次のように述べている。「紡績工場は外来者には一切とざされ何びとも入るを許されなかった。闖入者には悉く実に油断ない警戒をつづけていて，外の戸はいつも錠をおろしてあった」と。このような状況で，歴史家が工場内部の情報を容易に利用することはできなかったのである。そうした状況にもかかわらず，綿工場の内部（作業機の配置など）がわかる資料が工場建設後まもない時期に公にされた二つの事例がある。

① ノース・ミル：水力紡績工場
　事例の一つがダーウェント川（The Derwent）流域沿いのベルパー（Belper）に建てられたノース・ミルである。クロムフォードにアークライトが水力工場を建設した際に資金援助を行ったジュデダイア・ストラット（Jedediah Strut）[23]は，ベルパーや

---

22)　オウエン（1961）65 頁。
23)　アシュトン（1973）85 頁。

ミルフォードに工場を保持しただけでなく，ミルフォードにも
工場を建て，工場群をつくっていた。ジュデダイア・ストラッ
トが1797年に死去した後は，3人の息子がベルパーとミルフ
ォードの土地を管理・開発していた。ノース・ミルは，ストラ
ット家がダーウェント川近くのベルパーという地域に建設した
工場群のなかの工場の一つである（ベルパーの工場群については
図1-3を参照）。この綿工場ノース・ミルを含むダーウェント川
沿いにある工場群（ベルパーだけでなく，クロムフォード，ミルフ
ォードなどの地域を含む，ダーウェント渓谷の工場群）とその周囲
の景観は，工場制が誕生した頃の様子を残しているとして，ユ
ネスコが2001年に世界遺産に登録した。[24]

　このノース・ミルは，水力で作業機が稼働していた工場であ
るが，火災で焼失した工場の跡地に再建された工場である。こ
の当時，綿工場の床には木材が敷かれることが多いだけでなく，
工場内には木綿・綿屑が多く，工場内の機械に挿す油が床材に
染みることも多かった。さらに工場内では裸火が照明に用いら
れることも多く，工場内の伝動機構の軸受けなどが発熱し，火
災が起きる可能性は高かった。しかも，ひとたび火災が生じる
と，可燃性の木綿が多く油の染みた床材の工場は全焼する可能
性も高かった。火災で消失したノース・ミルも例外ではなく，
その火災を報じた地方新聞によると，火の手が「猛威をふるい，
2時間後には広大な建物は骨組だけとなった。木綿を紡ぎ巻き

---

24)　http://www.derwentvalleymills.org 参照。

第1章　イギリスにおける革新

取るために使う全ての機械，滑車，紡錘は燃え尽き，（帳簿を除き）製品は一品たりとも保存することが出来なかった[25]」という。

　また，「当時のヨーロッパで最先端の工業建築」と考えられていたロンドンのアルビジョン製粉工場が1791年に火災で消失し[26]，当時は工場の火災問題が切迫した課題として意識されていた。こうした状況下で，ノース・ミルが完全な耐火構造で1804年に同じ場所に再建されたことは，世間の関心をひきつけた。こうしたなか，19世紀初頭の百科事典が綿工場ノース・ミルの内部がわかる記事を掲載した。当時としては異例なことに，工場を建設したウィリアム・ストラットとストラット家の人々が，外部者に工場に立ち入ることを許し，当時の百科事典に記事の掲載を許可したのである。そのためか，この百科事典でも，工場内部の詳しい説明に入る前に，「工場が耐火構造で建設されており，床には木材を使った梁や，どの機械にも大きなサイズの木材が使われてはおらず，これによって火災による危険から安全となっている[27]」と述べている。

　この工場内部の説明が「綿の製造」（Manufacture of Cotton）という記事の中でなされ[28]，内部構造を描いた図とともに[29]，広く世

25）『ダービー・マーキュリー』紙1781年11月15日の記事。この引用は次の書物による。Fitton and Wadsworth（1958）p.81.

26）大河内（2001）85頁。

27）"Manufacture of Cotton" in Rees（1819）; Cossons（1972b）p.399.

28）"Manufacture of Cotton" in Rees（1819）; Cossons（1972b）pp.398-401.

29）"Cotton Manufacture" Plate XIV, in Rees（1820）; Cossons（1972a）.

3　多層階綿工場の内部はどのように編成されていたか？──2事例の検討

に知られるようになった。ただ，この百科事典の原本を所蔵する日本国内の図書館は数少なかったことで，あまり注目もひかれてこなかった。また後に「綿の製造」という記事もノース・ミル内部を描いた図も復刻されたが，それらが別々の巻に収録されたためか，日本ではほとんど注目を浴びることもなかった（オリジナルの百科事典でも「綿の製造」が収録されている巻とノース・ミル内部を描いた図版は別々の巻に収録されている）。

　これまで日本では，ノース・ミルの図面が一部掲載されることがあっても，海外の文献から転用するか，工場内部の記載については海外の文献が要約して伝えているものを引用していた。産業革命期の綿工場の内部がわかるにもかかわらず，そもそも工場内部についての研究者の関心が低かったせいか，この工場の内部について扱った文献はほとんどなかった[30]（なお百科事典の原本にはノンブル［頁番号］が記されていないので，最初に引用する際に原本の巻と復刻版の巻などを併せて記すが，それ以後は復刻版の巻などを記す。ただし，復刻版でも図が掲載されている頁の記載はないので，巻数のみを記す）。

②　オレル氏の工場

　かつてはイギリスでは工場内部は外部者に閉ざされていたが，1830年代，40年代になると，経済発展を担っていた企業，工場を見たいという人が多く出始め，工場もそれを受け入れ始め

───────────
30)　管見の限り，例外的に内田（1981）は，この工場の図版を一部掲載
　　している。

第1章　イギリスにおける革新

る。その陣頭に立っていたのがアンドレ・ユーアという人物である。[31]

　ユーアは1834年晩夏にロンドンを離れ，ランカシャーなどの工場地帯を数カ月間歩きまわり，その知見を『製造の哲学』（『工場の哲学』とも訳される）として出版した。[32]この書物や翌年出版された『イギリスにおける綿製造』のなかで，ユーアはこの紡織を兼営する工場について詳しく論じている。[33]日本では堀江英一がユーアの『製造の哲学』に基づいて，この工場を紹介したことがある。堀江は，この工場を紡績部門に194人，織布部門に190人，その他4人の計388人が働いていた工場で，ランカシャー周辺では当時としては「標準的な大工場」であったとして紹介し，工場内の作業機編成についても紹介している。[34]ただ，残念ながらユーアの書物に付されている工場内の図面について詳しくは触れられず，原動機から機械にどのように動力が伝えられたかについては触れられることはなかったが，ユーアの書物では，この点についても図面，記述で詳しく論じられている。

　なお，この紡織兼営工場は，ユーアの書物では名称は記していないが，正式には「トラヴィス・ブルック工場」（Travis Brook Mill）である。[35]だが，堀江が，注意深くオレル氏が所有

---

31)　Ketabgian（2013）p.13.

32)　Ure（1835）.

33)　Ure（1836a）and Ure（1836b）.

34)　堀江（1971）4-5頁。

35)　Jones（1985）p. 57.

している工場と推定したうえで，オレル氏の工場と呼んでいる
ことも考慮し，オレル氏の工場と記すことにしたい。

　綿工場の内部がわかる例としては，アークライト型工場の系
譜をひいていた水力紡績工場のノース・ミルと1830年代の書
物に記された蒸気力を稼働していた紡織兼営工場であったオレ
ル氏の工場がある。この二つの事例の検討から綿工場の内部の
様子を見ていこう。

（2）　綿工場内部の構成：ノース・ミルの事例

①　立地と動力源，外観

　ノース・ミルはダーウェント川の沿岸に立地し，水車が生み
出す動力によって工場内の作業機を稼働していた紡績工場であ
り，上から見れば凸型の形状した建物であった（図1-2および
図1-3参照）。だが，川の沿岸に工場があるというだけでは安定
的に水車は回せない。例えば，グレッグ家の経営するスタイア
ル（Styal）にある水力綿工場クオリー・バンク・ミル（Quarry
Bank Mill）も，初期には水量が安定しなかったため経営は安定
しなかったが，1801年までに堰を建設し水量が安定すると，
経営が安定する契機を得たという[36]。

　このノース・ミルの工夫について，水車の歴史を描いた書物
は次のように記している。

36）　Rose（1986）p.24.

第1章　イギリスにおける革新

図1-2　ダーウェント川対岸から見た工場の外観（1811年頃）

（注）　図の右側に描かれている高層の工場がウェスト・ミル，左側がノース・ミル。なおダーウェント川は画面の左から右に流れており，ノース・ミルに近い場所に橋がかかっている。

（出典）　Davies（1811）facing page 343.

3 多層階綿工場の内部はどのように編成されていたか？──2事例の検討

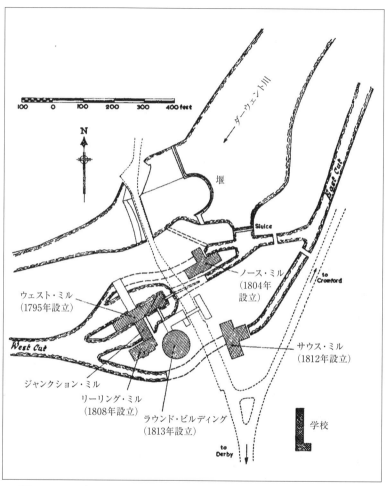

図1-3 ベルパー地域におけるウィリアム・ストラットの綿工場
（出典） Fitton and Wadsworth（1958）p.216.

第 1 章　イギリスにおける革新

　　　ベルパーではストラットがダーウェント川を横断して半

円形のダム〔堰〕を築き，自分の工場用に 14 エーカー［5

万 6,656 平方メートル；東京ドームの 1.2 個分］の面積をもつ

人造湖を造った。[37)]

　ダーウェント川を横断する堰をつくり，本流の水流を完全に

押しとどめるのではなく，水の勢いを押しとどめる。こうして

一定量の水がたまるようにし（つまり，引用文でいう「人造湖」

をつくり），ここの水を堰とは違う方向に水門を設けノース・ミ

ルの下部に水量を調整しながら水を誘導し，水車を動かしてい

た（図 1-3 からも，ダーウェント川に半円状の堰が築かれ，川の流れ

と違う方向，つまりノース・ミルの方に水を誘導していることがわか

る）。また，水車を安定的に動かすために，上流の川沿いも石

垣で補強されていた。また川が増水し流れが速すぎる際には，

水を水車の所に導かずに流すなどの工夫が行われていた。水量

が豊富だからといっても，自然にまかせたままだと，安定的に

一定の水量を水車に流すことは出来ず，結局のところ安定的に

機械を稼働させることは困難なのである。

　真上から見ると凸型の形状をしていたノース・ミルは 5 階建

ての工場で，屋根裏部屋もあった（図 1-5，図 1-6 を参照。また

ノース・ミルの本館での機械配置は図 1-4 からわかる）。ここでは，

凸型の建物の飛び出た箇所をウィングと呼び，それ以外の部分

を本館と呼ぶことにする。本館は長さ 127 フィート（約 38.7 メ

───────────
　37)　レイノルズ（1989）301 頁。

24

3　多層階綿工場の内部はどのように編成されていたか？──2事例の検討

ートル）幅 31 フィート（約 9.4 メートル）で，高さ 63 フィート（約 19.2 メートル）であり，これに長さ 41 フィート（約 12.5 メートル），幅 34 フィート（約 10.4 メートル）のウィング部分が付いていた。[38] 現代風に言えば，5 階建て程度のオフィス・ビルの高さに，ウィングという出っ張りが付いた建物ということになろう。このウィングの下を水が流れ，水車によって生み出された動力が工場内の作業機を稼働させていた。

②　水車から作業機への動力伝達の仕方

図 1-5，図 1-6 の下部に黒く描かれているのが，この工場の水車であり，ウィングの半地下・一階に設置され，水流を受けて回転する。この水車は直径 18 フィート（約 5.5 メートル），幅が 23 フィート（約 7 メートル）の大きさであり，水車で得られた動力が工場内のすべての作業機械を動かしていた。[39]

水車の軸には歯車（「はめば歯車」）がはめ込まれ，いくつかの歯車によって動力が水車から離れた場所にある水平のシャフト（回転軸）（r）に伝えられた（図 1-6 参照）。このシャフトの回転が傘歯車により回転の方向が変えられ，垂直に伸びたシャフトによって上階に動力が伝えられる（図 1-6 参照）。2 階から 5 階ではそれぞれ傘歯車によって回転の方向が変えられ，水平のシャフトに動力が伝えられている（図 1-6，図 1-4 参照）。[40] 1 階

---

38)　Fitton and Wadsworth（1958）p.212.

39)　Cossons（1972b）p.399.

40)　Cossons（1972b）p.399.

第1章 イギリスにおける革新

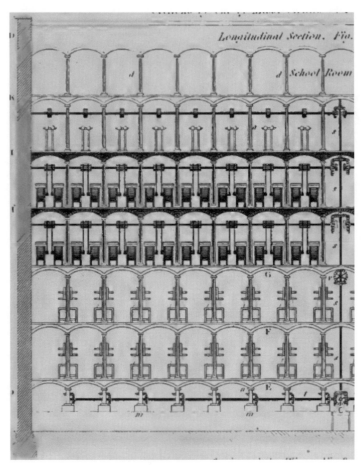

図1-4　ノース・ミルの本館の縦断面図

（注）　工場を下の図の⇨から見た縦断面の図。

3 多層階綿工場の内部はどのように編成されていたか？――2事例の検討

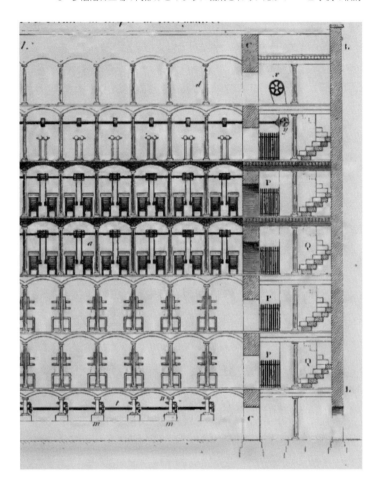

(出所) "Cotton Manufacture" Plate XIV, Fig.1 in Rees (1820); Cossons (1972 a).

第 1 章　イギリスにおける革新

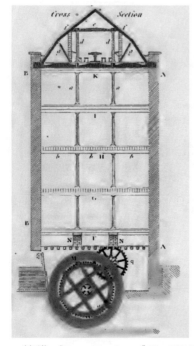

図 1-5　ノース・ミルのウィング部分の断面図

(注)　工場を下の図の⇨から見た縦断面の図（ウィングのみを示している）。

(出所)　"Cotton Manufacture" Plate XIV, Fig.1 in Rees (1820); Cossons (1972 a).

3 多層階綿工場の内部はどのように編成されていたか？──2事例の検討

図1-6 ノース・ミル本館の側面からの断面図
(注) 工場を下の図の⇨から見た縦断面の図。

(出所)　"Cotton Manufacture" Plate XIV, Fig.1 in Rees (1820); Cossons (1972 a).

第1章　イギリスにおける革新

部分には水平に伸びたシャフトから建物のアーチ毎に傘歯車があり，そこから1階から2階にまで突き抜けた垂直のシャフトがある（図1-4参照）。これがウォーター・フレイムを動かす主軸となる。図1-4の1階部分には一対のウォーター・フレイムが正面向きに描かれ，横向きに見たウォーター・フレイムが図1-6に描かれているが，図1-5では簡略化のために機械の図は省略されている。

　なお本館とウィングの屋根裏には動力が伝えられていないが，そこは日曜学校の教室として使われていた[41]。これを示すため図1-5，図1-6には机と椅子が描かれている。日曜学校は，18世紀末になると全国に広まっていたが，ベルパーでもJ. ストラットは自分の工場で働く子供に必要な書物を与え，読み書きが出来るようにしていた[42]。

　③　工場内における作業機械の配置

　ノース・ミルで作業機械がどのように配置されていたかを検討しよう。

　本館の1階と2階にウォーター・フレイム機（water spinning frame）が28台ずつ計56台，ウィングには12台のウォーター・フレイム機が設置され，紡錘数の合計は4,236錘であった[43]。

　本館の3階と4階には梳綿機（carding machine）が3列に配

---

41)　Cossons（1972b）p.399.

42)　Fitton and Wadsworth（1958）pp.102-03.

43)　Cossons（1972b）p.399.

置されていた。図1-5では，3階に梳綿機が3台並び，動力を
天井の水平シャフトから革ベルトで得ている様子が描かれてい
る[44]。ただ，梳綿機は1種類ではなく2種類の機械を使って梳綿
を行っていた。最初に，繊維を分離し平行に引き揃え，小さい
ゴミや短い繊維を取り除き，残った長い繊維をある程度平行状
態に揃える作業を行ってスライバー（篠）にする梳綿機（breaker
or breaking cards）がノース・ミルでは64台が設置されており，
さらに繊維を縦方向に並べて平行な状態にする仕上げ機
（finishes）が72台設置されていた[45]。つまり，計136台の梳綿機
が本館3階，4階に3列に並んで配置されていた。

　ウィングの3階と4階には，スライバーを何本かあわせて引
き延ばし繊維を真っ直ぐにする練条機（drawing frame）が16台，
さらに引き延ばす機械（stretching frame）が4台配置されている。
場合によっては，ミュール機（mule）が配置される。5階には
捲糸機（reeling）のみが必要となるが，靴下編用糸を必要とす
る場合には合糸機（doubling machine），撚糸機（twisting machine）
が配置される。5階の機械に関しては，市況に応じて機械の種
類を数年毎に変更していたという[46]。

④　工程編成の特徴
　工場内での機械配置から考えると，梳綿機を使う前の工程は

---

44)　Cossons（1972b）pp.399-400.

45)　Cossons（1972b）p.400.

46)　Cossons（1972b）p.400.

第1章　イギリスにおける革新

ノース・ミル内部では行われていない。原綿は固く圧縮・梱包されて送られてくる。その梱包を開き，空気に当て，原綿を膨張させ，さらに原綿に付着している葉滓，種子片，茎片や砂などを除く作業が必要である。この開綿，打綿といわれている作業は工場内では行われていない。打綿作業をベルパーの多くの家庭に外注に出していた可能性は否定できないが，ストラット家の所有するベルパーの工場群で開綿から打綿までの工程を行っていた可能性もあろう。打綿作業をノース・ミル工場内で実施しなかったのは，打綿作業は埃，塵が出るため，梳綿，紡績，仕上げの工程に悪影響を与えないためだったであろう。ノース・ミル工場は多層階で大規模な工場ではあるが，単独の工場で自立できたわけではなく，ストラット家の工場群などに支えられていたことになる。

　工場内では梳綿機を使う作業が最初に行われる。そのため開綿，打綿を終えたものが，工場外から梳綿機のある3，4階に持ち込まれ，その後，梳綿作業の仕上げがウィングの3，4階で行われる。その後，精紡作業のため本館の1，2階ないしウィングの1，2階のウォーター・フレイム機に運ばれる。この精紡作業を終えると，本館ないしウィングの5階に運ばれ作業が行われた後，この工場から運び出されることになる。

　つまり，ノース・ミルでは作業途中の仕掛品が上層階から下層階に向けて一方向に動く（あるいは，逆に下層階から上層階に向かって一方向に動く）ことになっていない。それどころか，工場外から運び込まれた（開綿，打綿終えた）原綿は最初に3，4階

32

に運びこまれ，それから仕掛品は1，2階に下り，さらに5階に行く。さらに，5階から1階に運ばれて，他の工場へと運ばれるという工程編成となっている。つまり，仕掛品は工場内を上下に動かざるを得ない。

このように仕掛品が動く必要があるということは，作業者にとって大きな負担である。ノース・ミルでは負担軽減のために「エレベーター」（実際には「巻上装置」（crane or teagle）となっているが，現代のエレベーターに近いと思われるので，「エレベーター」と記す）が導入されていた。しかも百科事典ではこの装置を詳細に説明していたばかりか，他のストラット家の綿工場すべてに巻上装置が設置されているとも述べている。[47] ノース・ミル内部を示した図1-4で機械が配置してある区画から右側かつ階段の左側に1階から5階にわたって柵のようなものが描かれているが，これが「エレベーター」である（図1-4参照）。しかも，百科事典でノース・ミルを描いた執筆者は非常な関心を抱いたと見えて，この装置について詳しく記載していた。

(3) オレル氏の綿工場の内部

① 立地と外観

オレル氏の工場は，マンチェスターから約9.6キロ離れた場所にあるストックポートという町の中心部から約800メートル離れた牧草地に立地しており，マージー川の支流沿岸であった。[48]

---

47) Cossons（1972b）p.400.
48) Ure（1835）p.33；Ure（1836a）p.297.

第1章　イギリスにおける革新

この工場は蒸気機関を動力に使い作業機械を動かす工場であったが，蒸気機関の冷却器（復水器）には水が必要不可欠であり水の得やすさは重要であった。[49] 実際，19世紀初頭の多くの工場は運河近くに建設されることが多く，[50] 20世紀初頭になっても工場が運河近くに建設されていた。また河川や運河から離れた場所に建設された工場近くには，多くの場合，ため池があったことにも留意しておこう。[51]

　この工場を上から見れば，（併設している平屋の織布工場部分を除けば）凹型の形状をしている（図1-7参照）。19世紀に入り，マンチェスターに綿工場が増え始めると「L型やU型〔つまり凹型〕」の工場が多くなっており，[52] 当時は，工場としては一般的な形状であった。

　工場は図1-7でaと記されている細長い建物（本館と呼ぶ）と本館の両端から前に突き出ている建物（図ではbと記されおり，ウィングと呼ぶ）からなっていた。本館は長さ280フィート，幅50フィート（約85.3メートル×約15.2メートル）で，ウィング部分は本館から58フィート（約17.7メートル）前方に突き出ている。さらに向かって右側ウィングの横には低くボイラー室（図ではc）が描かれている。さらに図の右手に煙突が高くそびえている。この煙突も工場の一部で，公共の道路の下を通って

---

49)　Holden（1999）p.41.
50)　Williams and Farnie（1992）p.53.
51)　Holden（1999）p.49.
52)　Williams and Farnie（1992）p.53.

3 多層階綿工場の内部はどのように編成されていたか？——2事例の検討

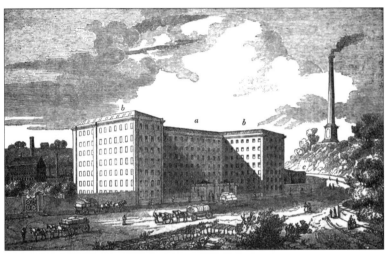

図 1-7 オレル氏の工場の外観
（出所） Ure（1836a）p.296.

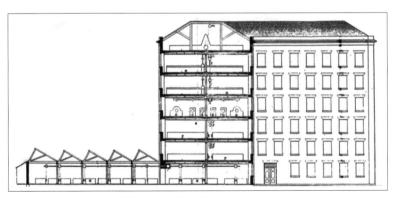

図 1-8 オレル氏の工場の本館と織布工場
（出所） Ure（1836a）plate 2.

35

第1章　イギリスにおける革新

ボイラー室からの煙が排出されている[53]。なお，図1-7では工場は7階建てとして描かれているが，これはユーアによると画家が気ままに描いたもので，実際は6階建てで，その上の屋根裏部屋も利用されている[54]。各階の高さは12フィート（約3.7メートル）あり，各階の窓はすべてが両開きとなっていた[55]。

　この工場は区画280フィート×200フィート（約85.3メートル×約61メートル）の土地に建っており，工場本館の背後にも工場がある。図1-8は工場本館の断面とその裏手にある平屋建ての工場部分を示している。この平屋建ての屋根は鋸歯のようになっており，これは記録に残っている限りでは史上初の鋸歯状屋根の例だという[56]。この形状の屋根は，織布工場にはイギリスだけでなく日本でも広く用いられることになった屋根の形状である。この平屋建ての建物は本館の奥，約75フィート（約23メートル）に，その幅は本館の長さいっぱい，つまり約280フィートに広がっている。つまり，この工場は紡糸工場部分が本館部分であり，本館裏側に広がっている部分は織布工場である。

②　動力源と作業機械の配置
　オレル氏の工場の動力源は蒸気機関であり，本館右端に本館

---

53)　Ure（1836a）p.297.
54)　Ure（1836a）p.297.
55)　Ure（1835）p.33.
56)　Williams and Farnie（1992）p.83.

3 多層階綿工場の内部はどのように編成されていたか？——2事例の検討

本体とは頑丈な壁で仕切られた中に設置されている。この工場には90馬力の蒸気機関が2基設置されており，蒸気は本館の外部に設置されたボイラー室から送られている[57]。ボイラー室は本館の右側（図1-7のc参照）にあり，おそらくは火災防止の観点から本館の外部に設置されていたものと考えられる。

　本館右端の蒸気機関が設置されている上の3層（本館4，5，6階）には準備工程が配置されている。つまり，圧縮された原綿の梱包を開けて（開梱），綿花の塊をほぐし，夾雑物などを取り除き，さらに空気を吹き込んで繊維を完全に開き，繊維を揃えて円筒状に巻き取ること（ラッピング）が行われる。この作業は6階から4階へと下の階に向かってウィロウ機，ブローイング機，ラッピング機によって順次行われ，4階はラッピング機が占めている[58]。

　準備作業を終えると，作業は四階の左側の作業室（図1-9の左側）に移る。そこでは繊維を一本一本に分離して平行に揃え，小さいゴミや短い繊維を取り除いてスライバー（篠）にする作業を梳綿機（carding machine）で行う。梳綿作業が済むと，スライバーを何本か纏めて引き延ばす作業が練条機（drawing frame）で行われる。このスライバーを徐々に細くして，精紡機で糸に紡げる程度の太さの粗糸を作る粗紡という作業があり，この時に粗糸の切断を防ぐため撚りが少しかけられる。オレル氏の工場では粗紡機は2種類あり，練紡機（the jack or coarse

---

57)　Ure（1836a）p.297.
58)　Ure（1836a）pp.297-298.

第1章 イギリスにおける革新

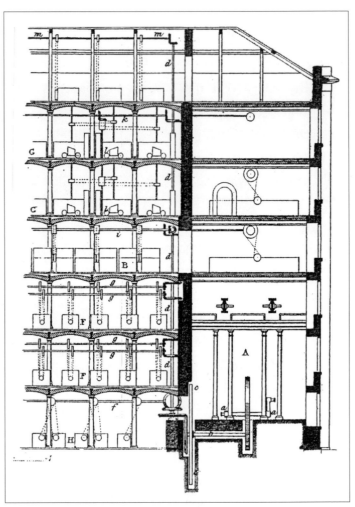

図1-9 オレル氏の工場の本館の右端（断面図）
(出所) Ure (1836) plate 2.

3　多層階綿工場の内部はどのように編成されていたか？——2事例の検討

bobbin-and-fly frame）の後にさらに細練紡機（the fine roving or bobbin-and-fly frame）で作業を行う。[59]

　4階での作業を終えると，粗紡機で作られた粗糸をさらに引き延ばして，ボビンに巻き取るスロッスル精紡機（throstle frames）で作業をするために，粗糸は2階か3階に移動させられる。スロッスル精紡機は長さ280フィート，幅50フィート（85.3メートル×15.2メートル）の2階と3階の作業室いっぱいに並べられている。作業員1人でこのスロッスル精紡機2台の面倒を見ている。[60]

　多層階の上層部にあたる5階と6階にはミュール精紡機（mule-jenny），つまり手動ミュール機（hand-mule）が据え付けられている。ミュール機は窓と直交して配置されている。1台で作業室のほぼ横幅いっぱいを占めているので，2台が背中合わせに配置されている。つまり，「キャリッジ」（走錘車）を引いて精紡するミュール機が，キャリッジ側を向かいあうように配置され，2台を1人で担当する。作業室のいちばん端では壁に向かって（キャリッジ側が壁の反対方向を向くように）ミュール機が置かれている。[61]

　屋根裏部屋では織機にかける経糸の準備作業を行っている。経糸を織物の種類に応じて織機に仕掛けるボビンに巻き取る作業を行う整経機（warping machine）と，製織中の経糸を保護す

59）　Ure（1836a）p.298.
60）　Ure（1836a）p.298.
61）　Ure（1836a）p.298.

第1章　イギリスにおける革新

るための糊付機（dressing machine）とが配置されている。[62]

　本館の1階とそれに繋がっている平家造りの作業室には，力織機（power loom）が配置されている。本館1階では窓と直交する形で力織機が何台か横に並び，その列が本館いっぱいに並んでいる。平屋造りの作業場でも同じ方向に力織機が並び，力織機の列が形成されている。[63]

　③　作業機械への動力伝達の仕方

　蒸気機関の動力は壁を貫通して歯車によって伝えられ，さらに傘歯車によって方向が変えられ，垂直方向のシャフトで7階の屋根裏部屋までその回転力が伝えられる。この垂直方向に伸びるシャフトから，また傘歯車によってその方向が変えられ水平方向のシャフトに回転力が伝えられる（図1-9参照）。つまり，水車を動力に用いていたノース・ミルと同様に傘歯車とシャフトを介して工場内の水平シャフトに伝えられ，水平シャフトの何カ所かにプーリー（滑車）が付いており，そのプーリーに掛けられたベルトによって作業機械が動いている。

　本館1階，平屋の作業室に設置されている力織機も水平シャフトに取り付けられたプーリー，ベルトによって動く。ただ，シャフトの設置の仕方は他の階とは異なっている。本館を上下に貫く垂直シャフトから傘歯車で向きを変えた水平シャフトは，本館1階の奥まで平屋の作業場側の窓際に沿って天井付近に設

---

62)　Ure（1836a）p.298.
63)　Ure（1836a）p.298.

3　多層階綿工場の内部はどのように編成されていたか？──2事例の検討

置される。この水平シャフトから多く傘歯車によって直角方向に向きを変えた何本もの水平シャフトが本館の壁を突き抜け平屋の作業所の奥まで達している。この何本も敷設された水平シャフト1本の何カ所かにプーリーがあり，そのプーリーに4本のベルトがついて，それぞれが力織機を稼働させている。つまり，1ヵ所のプーリーで4台の力織機を動かしている。何本もある水平シャフト1本で力織機の2列が稼働している。このため本館1階と平屋の作業室に天井に敷設してある水平シャフトは本館の他の階と比べようもなく多い。

　さらに，5, 6階に設置されていた手動ミュール機（hand-mule）の場合は稼働の仕方は異なっている。6階でも水平シャフトは作業室の中央を横切り作業室の端まで達しているが，天井付近に敷設されている水平シャフトからミュール機の1台おきに，傘歯車を使って細い垂直シャフトが床面まで降り，さらに6階の床を突き抜けて5階の床面に達している。この細い垂直シャフトがミュール機近くを通るところに，大きなプーリーが取り付けられ，それによって2台のミュール機のキャリッジが前後に動くのを助けている。5階に突き抜けている細い垂直シャフトでも同じようにして，ミュール機の動作を助けている。手動ミュールとはいうものの，1830年代には部分的に動力を用いるのが普通だった。[64]

　作業機械の稼働の仕方は機械の種類によって異なっており，

---

64)　Williams and Farnie（1992）p.8, caption of Fig.11.

41

第1章　イギリスにおける革新

それに伴いシャフトの設置方法が異なっていた。

④　工程編成の特徴

　オレル氏の工場は紡織兼営工場であり，紡糸・織布の工程が同一工場で営まれている。さらに，原綿の開梱から織布工程までの全工程が工場内部で行われている。本館1階と本館に併設された平屋の作業場で織布が営まれている。紡糸は5，6階のミュール機，あるいはウィングに設置された自動ミュール機で緯糸が製造され，また経糸は2，3階に設置されたスロッスル紡績機で製造される。

　織布工程，緯糸，経糸を製造する位置が多層階のなかで離れているため，この工場内で仕掛品は下層階から上層階に（あるいは逆に上層階から下層階に）向かって一方向には動かない。上層階から下層階へ向かった後に上層階に向かうなど，仕掛品は複雑に工場内を移動する。

　工場内部での仕掛品（ないし中間在庫）の動きは，奇妙な動きにならざるを得ない。つまり，ウィングに持ち込まれた原綿は6階から階を下り，5階，4階と順次，梳綿機にかける準備が進むと，4階で梳綿機から練条機さらに練紡機，細練紡機へと順次，機械加工が進む。緯糸の場合は，5階，6階のミュール機あるいはウィングの自動ミュール機に進み，1階の力織機へと進む。ところが，経糸の場合は，3階ないし2階のスロッスル機での加工が済むと，屋根裏部屋へと上の階に戻って，整経などの作業を経て，1階の力織機へと進むことになっている。

3 多層階綿工場の内部はどのように編成されていたか？──2事例の検討

これは1階に織機を置く必要があるため，工程の配置に制約が
あったためであろう。

　このように考えるならば，織布工程をあえて紡績工場に併設
する必要があるのだろうかという疑問が生じる。さらに，オレ
ルの織布作業場が採用していた鋸歯状屋根は，布の柄や色の組
み合わせなどが見やすいように，作業場に直射日光ではなく間
接光を取り込み，さらに光の量があまり変化しないように北面
採光を取り入れるためである。この鋸歯状屋根は幅広く採用さ
れていくが，この採用により，工場が建つ方向にもある程度の
制約が生じる。これも，次第に紡織兼営工場から織布工場が分
離する方向に動くことに寄与したと考えられよう。

　「綿業は同一対象をつぎつぎと加工してゆく進行工業であっ
て，機械と職場の配置を対象の流れに従わせることは簡単」だ
と堀江英一は言っているが[65]，それは平屋の工場では実現可能か
もしれないが，実際には，オレル氏の工場では「機械と職場の
配置」は「対象の流れに従」っておらず，仕掛品は多層階の工
場内部を上層，下層と度々動かざるを得なかったのである。こ
のためか，オレル氏の工場でも，ノース・ミル工場のように巻
上装置（crane or teagle）（ここでは機能から考えて「エレベーター」
と記す）が設置されていた。オレル氏の工場では両ウィングが
本館に接する場所には馬蹄形状の形をした階段があり，その階
段がつくる中心部の空間にエレベーターが設置されていただけ

───────────────
65）　堀江（1971）6頁。

43

第1章 イギリスにおける革新

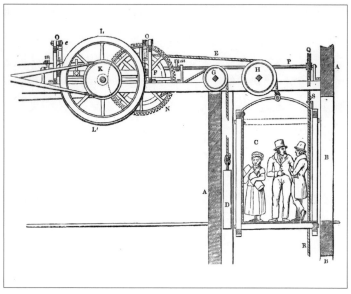

図 1-10 巻上装置（エレベーター）
（出典） Ure（1835）p.48.

でなく，機構がわかる図まで示して，数頁にわたってユーアは詳しく説明していた（図1-10参照）。ただ「この非常にエレガントな自動装置」の発明者を「H. ストラット」としている[67]。だが，これは明らかにウイリアム・ストラットと勘違いしていると考えられる[68]。

なお当時の週刊誌さえもこの巻上装置に興味を示し，ユーアの書物出版がされた直後に，ユーアの書物からの抜粋という形で，図1-10と同じ図を掲載して紹介するほどだった[69]。このことから考えても，1830年代中頃でも一般の人々にとっては珍しい装置だったように思われる。

(4) 両工場からわかること

① 仕掛品の運搬

多層階の綿工場では仕掛品の運搬は多大な負担である。このため検討した二事例では「エレベーター」が設置されていた。しかし，すべての綿工場に「エレベーター」が設置されていたわけではない。例えば，オウエンは，この装置がない工場では「階段は階下の部屋の製品を階上の部屋へ運ぶかごをもった運搬人や，また空のスキップやかごをもった彼ら〔運搬人〕と出会う他の〔運搬〕人たちとでしょっちゅう一杯だった」という

---

66) Ure（1835）pp. 46-54.

67) Ure（1835）p. 46.

68) Williams and Farnie（1992）p. 215.

69) "The Teagle" in The Penny Magazine（1835）pp. 284-285.

45

第1章 イギリスにおける革新

状況が生じていたという[70]。さらにオウエンは続けて,「私(オウエン)は階段を使わずに何でもあげさげ〔上げ下げ〕できる例のない新方法を案出した」と述べているが,この装置とは「エレベーター」のことである[71]。だが,これをオウエンが案出したというのは言い過ぎであろう。

② 動力を作業機械に伝達するシャフト

ノース・ミルでは水車から,またオレル氏の工場では蒸気機関から,作業機械に動力を伝達するために,最初に,動力源である水車ないし蒸気機関から多層階の上層階まで,歯車・傘歯車を介して垂直シャフトが張られた。その垂直シャフトからさらに傘歯車によって回転の方向を変えて,多くの場合には水平シャフトに動力源からの回転を伝え,このシャフトに取り付けられるプーリー,革ベルトによって作業機械が稼働していた。

注目すべきは,例えばノース・ミルとオレル氏の工場の2事例ともに,梳綿工程が行われる階では複数の水平シャフトが天井付近に敷設されている。これは梳綿工程では数種類の機械を扱っていたために必要だったと考えられる。またオレル氏の工場では,織布工程の行われる階では天井付近に設置される水平シャフトの数が非常に多かった。たとえ,作業機械の重量や振動の問題がなかったとしても,工場稼働後に特定の作業を行う工程を移動することは困難であろう。

---

70) オウエン (1961) 245 頁。
71) オウエン (1961) 245 頁。

3　多層階綿工場の内部はどのように編成されていたか？──2事例の検討

　さらにノース・ミルでは，ウォーター・フレイム機を動かすために，水平シャフトから傘歯車によって向きを変えた垂直シャフトが，1階，2階を貫通して設置されている（図1-4参照）。オレル氏の工場でも，ミュール機が設置されていた5階，6階には，水平シャフトが傘歯車によって向きを変えた垂直シャフトが階を貫通して設置されていた（図1-9参照）。

　高層階の綿工場では，検討した2工場では，天井に敷設されている水平シャフトの数は設置する作業機械（工程）の違いによって異なっていた。それだけでなく，特定の作業機械を設置するため，水平シャフトから向きを変えて垂直シャフトが設置されている。つまり，工場が稼働する前には既にシャフトが設置されているわけだから，例えばオレル氏の工場でミュール機をそれまでミュール機が設置されていない階に移動させるとしたら，新たに垂直シャフトを設置しなければならない。すなわち，高層階の綿工場では工場稼働前つまり設計段階で，どの階にどの作業機械（どういう作業工程）を設置するかを決定していることになる。そうでなければ，高層階の綿工場で重要なシャフトを何本，どのように，設置するかが決められないからである。

③　動力を作業機械に伝えるなかで歯車が多用されていた

　検討した二つの事例では動力を作業機に伝えるなかでシャフトが使われていたが，もう一つ重要な役割を果たしていたのが歯車であった。しかし，アメリカの綿工場では歯車は使われて

47

第 1 章　イギリスにおける革新

はいなかった。

　　　精密に加工された歯車を手に入れるのが難しかったため，
アメリカの工場は耳ざわりでうるさく，低速で運転しなけ
ればならなかった。いくつかの小さな工場ではベルトが使
用されていたが，1828 年にポール・ムーディ（Paul
Moody）がアップルトン工場（Appleton Mills）でベルトを使
用するまでは，シャフトの代替として使うことは真剣に検
討されていなかった。革ベルトが各階の水平シャフトに直
接動力を伝えることになった。ベルトは高速回転が可能で，
シャフトに比べて静かで揺れが少ない。ベルトはまた，は
るかに軽く，そのメンテナンスが簡単で，工場が精密に造
られていなくても使うことができた。[19] 世紀半ばまで
には，ベルトを使うことがアメリカの工場の特徴となって
いたのである。[72]

　アメリカの綿工場では，水車からの動力を各階に設置された
水平シャフトに革ベルトで直接伝え，そこから各種の作業機械
を稼働させる方法をとっていた。イギリスの綿工場で，動力源
から動力を伝えるのに傘歯車を使用し，工場内にシャフトを張
り巡らし，そのシャフトから滑車，ベルトを介して，機械を稼
働させていたのとは大きく異なっていたのである。

　イギリスでは，金属の精密加工技術が進んでいたこともあり，
また製造する綿糸の種類により作業機械の回転数を変える必要

---

72)　Dublin（1992）p.46.

もあって，綿工場ではごく普通に歯車が使用されていたのである。

④　精紡機にかける前の準備工程

　ノース・ミルとオレル氏の工場の2事例では，精紡機にかける前の準備工程は単に1種類の梳綿機だけで終わっていなかった。ノース・ミルは2種類の機械を使って梳綿を行い，さらに仕上げ機があり，梳綿機がノース・ミル本館3階，4階に3列に並んで配置され，さらにウィングには練条機，さらに引き延ばす機械が配置されていた。つまり，この準備工程では他の階に比べて機械が多いだけでなく，天井に張られたシャフト数も多かった。また，オレルの工場でも同じ階に梳綿機，練条機，細練紡機が並べられ，天井には3本のシャフトが張られていた。

　さらに，この準備工程に使われる作業機の台数は，両工場とも多かった。つまり，18世紀末ごろになると，梳綿機などを含む準備工程を上層に配置しないようにされていたのは，こうした作業機のシャフトを含めた重量を考慮したためであろうと思われる。

⑤　ま　と　め

　多層階の綿工場，二つの工場を検討した限りでの問題点を整理しておこう。たしかに多層階で工場を営むことは，動力に関する費用が大きい場合には，狭い範囲内にシャフトなどの伝導機構と作業機を設置できる点は利点である。

第1章　イギリスにおける革新

　だが，伝導機構と作業機械を狭い空間に閉じ込めれば効率的であるように思えるが，内部に立ち入って見ると必ずしも効率的ではない。つまり，ある機械での加工を終えると，その仕掛品を次の機械で加工するといったように，次々と別々の機械で加工を加えていく綿業においては，ある機械から別の機械へと仕掛品を運ぶ必要が生じる。もしも，工場が多層階でなく平屋建てであって平面的に移動できれば，押し車などによって仕掛品を運搬する負担は軽減できよう。だが，多層階で，別種の機械が異なった階に設置されている場合には，多層階の工場内部で上下の階に仕掛品を運ばねばならない。しかも，検討した2工場の例では，多層階の工場内部を上下に何度か運搬する必要があった。ただ，本章で取り上げた2工場ではエレベーターが装備されており，仕掛品の運搬の労力は軽減されていた。しかし，この装置がすべての多層階の綿工場に設置されていたわけではない。

　なぜ，産業革命期の綿工場では多層階の内部で，上層から下層へ（あるいは下層から上層へ）と一方向に仕掛品を運ぶような工程編成に組み替えることをしなかったのかという疑問が残る。この点については，本章第4節（2）で考えてみることにする。だが産業革命期の綿工場では，作業機械の荷重や振動を考えれば，多層階の工場の上層階には配置できない工程があったことに留意しておきたい。このため多層階の綿工場の企画・設計の段階で，どの階にどんな機械を配置するかは決まっており，それによりシャフトの配置の仕方も決まっていた。そのため工場

50

が稼働した後に，機械を違う階に移す（つまり工程の配置を変える）ことは，現実的には不可能であったのである。

　なお，本章で扱った2工場については作業機械の数などが資料に記されていたが，ある作業機械が稼働し次の作業機械に中間加工品を移動させることがスムーズに出来たのか否かは不明である。つまり，工場内部で，ある作業機から別の作業機の加工に移るまでに滞留する仕掛品がどれほどあったか（工場内部にそうした仕掛品が中間在庫としてとどまっていたか）は不明であったという点は指摘しておきたい。

4　19世紀の多層階紡績工場の内部構成

　前節では工場内部の作業機械の配置などがわかる記録が残っている工場の事例を二つ検討してきた。一つは水力紡績工場で，もう一つは蒸気機関で作業機が稼働する1830年代ごろの紡織兼営工場だった。これらは多層階の綿工場ではあるが，厳密にいえば19世紀中ごろから主流となる多層階の綿紡績工場とは異なる。本節では，この紡績工場の内部がどうなっていたのかを解明してみたい。

　しかし，19世紀中頃以降の紡績工場の内部を明らかにする記録はない。それにもかかわらず，これまで検討してきた二つの工場の事例で，19世紀中ごろ以降の多層階紡績工場の内部構成がわかるのだろうか。たしかに，二つの工場の事例から，19世紀中頃に多く見られた多層階の紡績工場の内部を推測す

ることには多くの問題がある。だが，推測を完全に放棄するのではなく，可能な方法を探ってみたい。1980年代になって多くの綿工場が取り壊される事態を前にして，残存している工場についての調査が行われたので，ここまでに述べてきた二つの事例をその調査と照合することで，多層階の紡績工場の内部構成について推測してみたい。

(1) 多層階紡績工場の外観

イギリスにおける多層階の綿工場は19世紀中頃より紡織兼営の工場ではなくなり，織布が平屋造りの工場で，紡績が多層階の工場で営まれるようになった。それとともに，紡績工場と紡織工場は明確に地域的にも分離されるようになった（本章第2節参照）。

19世紀に主流となった紡績に特化した多層階工場の外観について論ずる前に，指摘しておくべきことがある。19世紀後半から20世紀にかけて，建築家のあいだでも単層階（つまり平屋の）紡績工場の利点が説かれるようになっていたことである。だが，実際には単層階の紡績工場はほとんど採用されることもなく，単層階での工場は織布工場にとどまっていた[73]。これは，多層階を上下に移動するような工場内の物流は不合理と考えられてはいたが，実際に建築費用を負担する所有者・経営者にとっては，少ない面積で工場を建築する多層階工場のほうが，広

---

73) Williams and Farnie（1992）p.97.

4 19世紀の多層階紡績工場の内部構成

い土地の確保が必要となる単層階での工場よりも便利と考えられたのであろう。また多層階工場が伝統的に定着していた状況では，あえて単層階の工場を建築する斬新なアイデアを採用する決断ができない側面もあったと思われる。

　紡績工場の階数には目立った変化はなく，ほとんどが4階建てから6階建てであった。だが建築方法の改善により天井が高くなることが多かった。[74] さらに19世紀後半になると，新しい紡績工場は従来の工場と比べて，長さ，幅ともに広がった。[75] 特に工場の横幅が広がった。1870年代のミュール（を使う）紡績工場の平均的な工場内部の幅は30.5～33.5メートルであり，1880年代までに建てられた新しい工場の幅は長さの半分以上であった。[76] 一方，オレル氏の工場本館は，長さが約85.3メートルであったのに対してその幅は約15.2メートルであった。すなわち，工場の幅は長さの2割を下回っていた。それに比べると，新しい紡績工場は全体的に幅広になったのである。

　こうした工場の変化が建築技術の改善によることは否めないが，紡績工場が幅広になったのは，細糸の需要が大幅に増大していったことと関係があった。[77] すなわち，細糸需要の拡大に対応してミュール機が1台当たりの紡錘数を増したためでもあっ

---

74)　Williams and Farnie（1992）p.92.

75)　Williams and Farnie（1992）p.91.

76)　Williams and Farnie（1992）p.92.

77)　この細糸需要の拡大は，18世紀からの衣服需要の変化を考慮しなければならない。この点については，ぜひとも Lemire（1991）; Styles（2007）を参照されたい。

53

第1章　イギリスにおける革新

た。新しく建設される紡績工場の横幅が大きくなると，それに合わせるように機械の幅も工場の横幅いっぱいに広がり，紡錘数も増えていった。

　これこそ，「ミュール精紡機の生産能力が，連続法のスロッスルおよびリング精紡機の生産能力をはるかに上回っていた。技術的には不経済で機構的に複雑なミュールが，このように発展したのは，技術史上の偉大なまわり道であったといわざるをえない」とか，「このような複雑すぎる機構［ミュール機］は，実は機械の発達としては邪道であったと考えられる。イギリス綿業は20世紀までミュールに固執していたが，これが，ウォーターフレームの直系であるリング紡績機にいち早く切りかえたアメリカ・日本の綿業に能率において敗れる原因となった」（傍点は引用者）と技術史家の内田星美が嘆いた事態を生み出した要因でもあった。細糸需要の増大に応じてイギリス綿業ではミュール精紡機による生産量を拡大させていったのであった。

　工場の幅一杯にミュール精紡機を設置するため，工場の幅を拡大しミュール機1台あたりの紡錘数を増やした。紡績工場の階数には目立った変化はなかったが，建築方法の改善により天井が高くなることが多かった。これは，ミュール機そのものが大きくなったため，工場での作業により多くの外光を取り入れようとしたためと思われる。

　ミュール機の生産能力が増大すると，多層階の紡績工場の外

---

78)　内田（1981）49-50頁と60頁を参照。

79)　Williams and Farnie（1992）p.92.

54

4 19世紀の多層階紡績工場の内部構成

観が変わった工場も出現する。19世紀後半になると，多層階の紡績工場の1階部分を上層階部分の壁よりも拡張し，工場の広い1階部分の上に狭い2階以上の部分があるという，いわば階段状の工場も出現したのである。それは，大型のミュール機を使用することで必要となった梳毛工程などの準備工程のためのスペースを確保するためであった。このような増築部分は，しばしば鋸歯状の屋根を持ち，機織り小屋と間違われることもあったという。[80] それは，梳毛工程では特に良好な照明が必要であったからでもある。ノース・ミルやオレル氏の工場でも，精紡機で加工する前の準備工程は，単純に梳毛機で処理するだけでなく，多種類・多数の作業機で行っていた。19世紀の多層階の紡績工場でもこの準備工程にたずさわる作業機は多く（重量もあるので），高層階に配置するわけにもいかず，このような工場も生まれたのであろう。

(2) 多層階の綿紡績工場の内部構成

多層階の紡績工場における工程編成はどうなったのだろうか。そこでは，工場の下層部（場合によると地下）に倉庫を置き，開綿を行った。つまり，ノース・ミルでは行われることがなかった開綿などの梳綿にいたるまでの準備工程，原綿の保管も多層階の紡績工場内で行われるようになった。梳綿などの準備作業の後に上層部に運び，ミュール機で精紡を行うようになり，一[81]

---

80) Williams and Farnie（1992）p. 94.

81) Williams and Farnie（1992）p.83.

第1章　イギリスにおける革新

応，下層階から上層階へと仕掛品が一方向に動くように工場は
整備された。

　だが，出荷の場合には，上層階から1階に出荷物を降ろす作
業は残っていた。このため大規模な紡績工場では，ノース・ミ
ルやオレル氏の紡織兼営工場にあったようなエレベーターが2
基以上，設置され，さらに工場内の中間在庫などの物品の移動
にも，工場の床に金属製の軌道を設置して，車輪付きの台車が
利用されていた。[82] 多層階工場内の物流には問題があったものの，
垂直方向にも水平方向にも効率化を図る工夫が図られていた。

　多層階の紡績工場では（限界はあったものの），次第に工程編
成は標準化されていった。これは誰が主導したのだろうか。19
世紀後半になって一般的になっていった工程編成は，19世紀
前半にマコネル・ケネディ社がマンチェスターのアンコーツに
建設したセジウィック工場（Sedgwick Mill, Ancoats）を発展させ
たものであると考えられる。[83] つまり，ミュール機を製造・販売
していた同社が，次第にミュール機を中心とした多層階の紡績
工場の標準的な工程編成を主導していったのである。

5　多層階の綿工場の工程編成は誰が決めたのか？

　本章で対象としたオレル氏の工場の場合，ユーアは工場の設
計をした人物の名前を，ウイリアム・フェアベーン（William

---

82)　Williams and Farnie（1992）p.110.

83)　Williams and Farnie（1992）p.110.

Fairbairn）と明確に書き記している[84]。しかも，書物に附している図面にも設計した人物の名前は明確に記されている。またフェアベーンの伝記にもこの工場の設計に彼が全面的にかかわったことが，次のように書かれている。つまり，「フェアベーンは，建物の設計，機械のレイアウト，エンジンとシャフトの建設，そして工場全体の監督を担当した」[85]と。

綿工場の設計が専門家の手によるようになったのは，例外ではなかったという。つまり，綿工場建築が専門的な建設業者の手によって行われるようになったのは「大規模な耐火工場の建設」からはじまり，綿工場の設計は，「1820年代までは機械工や技師，建築業者の共同作業によって工場の設計はなされ，一般的に個人が唯一の責任を負うことはなかった。しかし，19世紀中頃には，おそらく綿工場は次第に専門的な建築業者（building firms）によって建築されるようなった」[86]という。そうしたなかの重要な業者の一つがフェアベーンの会社であり，彼が初期に設計した著名な事例がオレル氏の綿工場だったという[87]。

多層階の紡績工場内における「最もコスト効率が高い工程と作業機械の配置方法（レイアウト）は，19世紀末には工場設計者に十分に理解され」，工場内の構造は標準化されることになったという[88]。これは19世紀初めの工場で実施されだしたこと

84）　Ure（1836a）p. 314.
85）　Byrom（2017）p.108.
86）　Williams and Farnie（1992）pp. 78-79.
87）　Williams and Farnie（1992）p. 79.
88）　Williams and Farnie（1992）p.110.

第1章 イギリスにおける革新

が，標準的なパターンとして定着したものであった。綿工場と
いう建築物内に様々な機械やシャフトを配置し，原動機の位置
を決める必要があり，それを専門業者が設計するようになった
のである。

　しかし，こうした専門業者が綿工場の設計を思いどおりに決
められた訳でもなかったことにも留意しておく必要があろう。
例えば，フェアベーンは1860年代になると，平屋建ての工場
が5, 6層の多層階の工場より多数の利点があると記し，土地が
安価な場所では平屋建ての工場を考えたほうがよい旨の見解を
示していたが，[89]それはイギリスでは実現しなかった。重量のあ
る機械の振動や，工場内の物流のためにエレベーターを設置す
る必要など，多層階であることのデメリットも工場の設計者に
は認識されていたが，最終的には工場の所有者の意見は無視で
きなかったと考えられる。

6　多層階の綿工場の工場管理者は何をしていたか？

　水力で稼働していた綿紡績工場だったノース・ミルと，1830
年代に建設された蒸気力で稼働した紡織兼営工場だったオレル
氏の工場との二つの事例については，工場内部の作業機の配置
から工程を推定した。その後，19世紀中ごろから綿工場で一
つの主流となった紡績工場内部の工程を直接示す示す資料はな

---

　89)　Fairbairn（1865）pp. 115-116；Williams and Farnie（1992）p.97.

58

いものの，間接的に工場内部の工程を想定した。これらの事例では，ともに綿工場は多層階で営まれており，動力を作業機に伝えるにはシャフト・歯車などが使われていた。特にノース・ミルと，オレル氏の工場との事例からわかるように，工場の階によってシャフトの張り方や位置が異なっていることがわかった。伝動機構の配置の仕方は，どのような作業機械が使われるかと深く関わっていた。シャフトの張り替えをしなければ作業機の配置を変更することはできない。これは 19 世紀中ごろ以降の紡績工場でも変わりはあるまい。こうした多層階の綿工場は原動機・伝動機構の配置を含めた施設であり，綿工場はいわば装置産業における「装置」ともいうべき存在だったといえよう。

　このような多層階の綿工場の工場管理者は何に重きをおいて管理していたのかを考えてみたい。

（1）　実際の工場管理者は何をしていたのか？　　　　ある若者の実例

　綿工場の管理者は，実際にはどのように管理していたのだろうか。最初に，産業革命期に工場の管理者になった若者の実例を見てみよう。しかも，多層階の綿工場に設置されている機械について知識も経験もなかった 20 歳頃の若者が，急に綿工場の管理者となった実例である。

　彼が管理者になった工場は，それまで操業は順調になされおり，労働者の規律や訓練もすぐれていた。そのため彼は，綿工

第1章　イギリスにおける革新

場の管理者に就いてから「6週間というもの，毎日，何々をすべきかどうかの質問に対して，ただ「イエス」とか，「ノー」とかを言っただけで，無言の検閲と管理とをつづけ，その間何事についても，一つの直接の命令も発しなかった」という。つまり，実質的な管理をしなくとも工場はその6週間は機能し続けた。この若者は6週間も無為にすごしたわけではなく，工場内の「作業を細大洩らさず調べ始め」，さらに工場の前任の管理者が「残していった機械の製図や計算を調べ」ることで，6週間を経る頃には「いつでもどの部門に対しても命令がだせるように，自己の地位をわがものにしたことを感じた」という。[90]

　この若者の経験は何を物語るのだろうか。彼の書いていることが正確だとすれば，「作業を細大洩らさず調べ」ることと，工場が使っている「機械の製図や計算を調べ」ることで，工場管理をやり遂げたように思われる。次に，これを当時の実務書が説いていることと比較してみよう。なお，この若者とは若き日のロバート・オウエンである。

(2)　実務書が工場の管理者にとって重要だとしていたこと

　多層階の綿工場の実務書としては，モンゴメリーの書物がある。[91]「繊維機械や工場内レイアウトに関する信頼できる図」が掲載されていたこともあってか，この書物の販売は好調で，初版後「12ヶ月以内には再版が，さらに拡充かつ改良された版」

---

90)　オウエン（1961）61頁。
91)　Montgomery（1832）.

60

が 1836 年に出版されている[92]。

オウエンが書いていた「機械の製図」を調べることの意味は理解できる。工場に設置されている各種の作業機械を知らなければ工場管理は困難だろうということは，確かに想像できるし，モンゴメリーの書で「繊維機器」の図と解説を詳しく掲載していた理由もわかるだろう。

だが，オウエンが書いていた「機械の……計算を調べる」とは何を意味するのだろうか。ところが，モンゴメリーの書物でも，次のように，まさに計算を強調しているのである。

　　工場の管理者にとって最も不可欠な能力とは，事業に関するあらゆる種類の計算に熟達していることであり，その利点はさまざまな点で明らかである。つまり，第一に様々な機械の速度を調整する際に。第二に様々な機械におけるドラフト［繊維を伸ばす程度］を調整する際に。第三に綿花の品質や糸のサイズを変更する際に（傍点は原文イタリック）[93]。

モンゴメリーは，「事業に関するあらゆる種類の計算に熟達」していることが必要だと書いている。よく読んでみると，彼が必要だとしている計算は，結局は生産する綿糸の質に関係する計算に限定されている。

綿花から綿糸を生産する際に機械の速度やドラフト（粗糸の引き伸ばし）をどのようにするかは，綿糸の品質にとって重要である。こうした機械の速度やドラフトの調整は綿花の品質に

---

92)　Business History Review（1968）.

93)　Montgomery（1832）p.211.

第1章　イギリスにおける革新

よって，糸のサイズの変更は工場では綿花の入荷状況・市況によって，変更を加える必要がある。これらの計算に熟達するためには，各種の作業機械について知っておかねばならない。したがって，モンゴメリーの実務書では当時の作業機械について詳しい説明があり，オウエンも前任者が残していった図面を検討したのである。ただ単に機械を詳しく知るというのではなく，意図した品質の綿糸を製造するには，各種の作業機械をどの程度の速度で運転するかが重要であった。このためには，工場内に設置されているシャフトの回転数を知っておく必要がある。これは綿花の品質や糸のサイズ変更の際にも役立つ。

　原動機（水車や蒸気機関）から動力を伝えるシャフトは，工場内で何度か傘歯車などによって方向が変えられており，設置された場所によってシャフトの回転数が異なる。シャフトの回転数が不明ならば，機械の速度やドラフトも制御できない。モンゴメリーの書には，シャフトの回転数の計算方法，計算の実例が列挙されている。しかしシャフトの回転数は，実際には工場で使う原動機から主要なシャフトに伝えられる回転数，傘歯車などのギア数などによって決まるので，一般的な原則は言うことができても，実際は各工場の事情によって異なる。また，綿花の品質や糸のサイズ変更の際にも計算が必要であるが，これも工場で使う綿花の品質に大きく依存するので，一応の計算例を示してはいるが，工場の事情と実際の経験によるところが大きい。

　オウエンが前任者の残していった計算をチェックしたのは，

62

シャフトの回転数，機械の回転数によりドラフトを制御するためだったと思われるし，モンゴメリーの実務書では工場内に設置されているシャフトの回転数をいかに計算するかだけでなく，計算例が多数，掲載されていたのである。

こうした綿糸の品質への関心の向け方は，原綿が工場に持ち込まれた際に行う混綿，つまり産地などの異なる原綿を混ぜることをモンゴメリーが重視していたことと重なる。[94]

(3) 実務書では，何をすべきでないとしていたか？

多層階の綿工場では，企画・設計の段階で基本的に工程の編成（各階への作業機械の配置，シャフトの設置の仕方）が決まっていた。こうした工場に雇用された工場管理者にとっては，上記のように工場内のシャフトの回転数から作業機械の回転やドラフトを制御することが，工場を稼働させるための必須の条件であった。

綿工場においては，工場管理者であっても，工場そのものを改変できる範囲には限界があった。したがって，当時の紡績工場の管理者向けの実務書の中にあった「紡績工場の経営と統治に関する所見」（"Remarks on the Management and Government of Spinning Factories"）という節には，次のように書かれていた。

施設［工場］が機械で満たされ配置が完成した後は，改良しようとするよりも，そのままにしておいたほうが良い。

---

94) Montgomery (1832) p.40.

第1章　イギリスにおける革新

　　実際，改造をし始めるのは非常に好ましくない。なぜなら，

　　改造に費やす資金は想定される改良から生じる利益のすべ

　　てをはるかに上回る可能性があるからだ。[95]

　現代の工場管理者なら，稼働後であっても，工程編成に問題
があると考えたら，工程に改良を加える（場合によっては，大幅
な改変を加える）ことも厭わないかもしれない。だが，産業革
命期の綿工場では機械の配置を変更することは，移動させる作
業機によって標準的な伝導機構（水平シャフト，滑車，ベルト）
だけではなく，例えばシャフトを垂直に付け替えるなど，工場
という建物を大きく改変する必要が生じる。上記の引用文でモ
ンゴメリーが「改造に費やす資金は想定される改良から生じる
利益のすべてをはるかに上回る可能性がある」と述べているの
は，このような場合を想定しているからであろう。産業革命期
の綿工場では，工程の再編成が工場という施設自体にも改変を
加えざるを得なくなるので，これを実務書では推奨していなか
ったのであろう。

　工場管理者が工程編成を大幅に変えずに（シャフトの設置など
を変えずに），作業機械を数台減らすことや増やすといったこと
はできたであろうが，大幅な改変は好ましいとされなかった。
したがって管理者には，工場という設備をそのまま受け入れる
ことが望まれていたのである。

---

　95)　Montgomery（1832）p.218.

6 多層階の綿工場の工場管理者は何をしていたか？

(4) 異なる工場内物流に対して，モンゴメリーは どのように反応したか？

モンゴメリーは実務書の著者としてアメリカに招かれ，その見聞を書物に纏めている。[96] 彼はアメリカの工場についてどのように記していたのか。

アメリカとイギリスの綿工場には異なった特徴があった。アメリカでは豊富な水量が得やすく木材が豊富であった。そのため綿工場は木材で建造された（外壁が煉瓦であったイギリスの綿工場とは明確に異なっている）。

多層階であった綿工場では，動力の伝導装置がイギリスの綿工場とは大きく異なるようになっていった（本書48頁の引用文を参照）。アメリカの綿工場では，水車からの動力を直接，各階に設置された水平シャフトに革ベルトで伝え，そこから各種の作業機械を稼働させる方法をとっていた。イギリスの綿工場において，動力源から動力を伝えるのに傘歯車を使用し，工場内にシャフトを張り巡らし，そのシャフトから滑車やベルトを介して機械を稼働させていたのとは大きく異なっていたのである。

さらに，アメリカとイギリスでは，多層階の綿工場内における工程編成が異なっていた。アメリカの綿工場では2階に梳綿機などが，3階には紡績機が，4階や屋根裏には，織布機械が

---

96) Montgomery (1840).

第1章　イギリスにおける革新

置かれていたという[97]。まさしく「イギリスでは，一般的に織布機は下層階にあり，上層階には梳綿機と紡績機があるが，アメリカでは，織布は上層階にあり，下層階に梳綿と紡績がある」といった状態で，両国では対照的な機械配置となっていた[98]。このような機械の配置をとっていたアメリカ綿工場では，スロッスル精紡機だけで経糸，緯糸を製造していた。工場内の物流を考えれば，多層階の工場内を仕掛品が下層階から上層階に動いていた。

　1830年代にイギリスで主流だった（オレル氏の工場のような）紡織兼営工場は，少なくとも工場内の物流に関しては問題があった。つまり，仕掛品が工場内を下層から上層へ（あるいは，その逆に上層から下層へ）と動くようにはなっていなかった。それを前提に考えると，モンゴメリーは，アメリカの綿工場ではイギリスの紡織兼営工場とは異なった機械配置や工程配置，工場内物流を見たことになる。だが，モンゴメリーはアメリカの工場内の機械配置などを記録には残していたが，それとイギリスを比較したり，あるいはイギリスの工場内の機械配置などについての改善点などを記すことは一切しなかった。つまり，それは工場管理者の立場からすれば埒外とでも言えるものであったかのようである。

---

97)　Montgomery（1840）p.17.

98)　Montgomery（1840）p.23.

(5) 工場管理者の対応の特徴

イギリス産業革命期における綿工場の工場管理者は，どのように管理という問題に対応したのか，その特徴について纏めておこう。

モンゴメリーはアメリカの綿工場について，イギリスと異なる特徴を述べていた。工場内物流は両国の綿工場では大きく異なっていたが，彼は異なる現状を並べても，イギリスの工場内での工程編成を変革する提案は一切行っていない。そもそもイギリスの綿工場では，管理者が工場施設の改変（シャフトの変更を含むような改変）を提案することも，彼ら自身が行うべきものとは考えられていなかった。

イギリスの綿工場における工場管理者にとって，工場とは与えられた施設であり，工場自体は変える対象としては考えられてはいなかった。オウエンが，工場内の「作業を細大洩らさず調べ」たり，前任者が残していった前任の管理者が「残していった機械の製図や計算を調べ」たりすることで，工場管理者としての職責を果たすことができたように，モンゴメリーの実務書でも，機械の図面とともに，工場内のシャフトの回転数を知り機械を稼働させる速度を知るための方法が主に書いてあった。これらは他の工場にも一応は当てはまるが，そこではその工場の状況に合わせていく必要がある。ましてや，他の業種ではモンゴメリーの実務書が説く内容は当てはめようもない。

さらに，工場という閉鎖的空間に集められた労働者への管理

第1章　イギリスにおける革新

に関しては，モンゴメリーの実務書ではその重要性を認めては
いても，ほとんど扱うことはない[99]。例えば労働者に「甘すぎた
り，厳しすぎたり」しないと述べるにとどまっていた[100]。せいぜ
い，紡績工は自分の仕事量と品質についてのみ報酬を得るから，
紡績工程の管理担当者は席を外すことがあってもかまわない。
けれども，梳毛工程は良い紡糸に大きく影響を与えるから，梳
毛工程の管理担当者は絶えず梳毛工程の作業室を監視する必要
があると述べるに留まっていた[101]。これは本章で扱ったノース・
ミルやオレル氏の工場において，梳毛工程から紡績機に移行す
る前の準備段階の作業が同一階で行われていたこととも一致す
るだけでなく，19世紀の高層階の紡績工場でも梳毛工程の行
われる階を広くとる工場が出現したこととも合致している。こ
れが管理者からの要望で実現したかどうかはわからないが，工
場の設計にも十分に反映されるような，実務的な見解であった
のであろう。

　モンゴメリーの実務書が，産業革命期の綿工場における「管
理の理論」というものであったとするならば，他の業種に受け
継がれる考えとはならなかったのも当然であろう。まさしく，
「企業管理上の成果は企業から企業へと伝達されるようなサイ
エンスまで固まっていない[102]」だけでなく，作業現場の監督者が

---

99)　Montgomery（1832）p. 219.

100)　Montgomery（1832）p. 220.

101)　Montgomery（1832）pp.223-224.

102)　ポラード（1982）4頁。

6　多層階の綿工場の工場管理者は何をしていたか？

自分の思惑・意図にそって作業者を動かす「管理上の理論」が
なかったという評価があるのも当然であろう。[103]

　多層階工場であった綿工場は，世界でも早い時期に，動力で
一斉に一定の速度で施設内の作業機械が稼働する生産の場とな
った。この工場内では，労働者をこれら作業機械の監視工とし
て働かせることに注力すれば，「同一対象をつぎつぎと加工し
てゆく進行工業[104]」である綿業では，作業機械から別の作業機械
に作業が移る際に労働の成果を評価し監視することが可能であ
った。そのため，管理者にとっては，作業者を動かす「管理上
の理論」が特段，必要とされなかった（モンゴメリーが梳毛工程
では管理者が絶えず作業室を監視すべきと言うのは，この工程は明確
に作業終了がわかる工程でもなく，かつ綿糸の品質を決定づける重要
な工程でもあったからである）。このような産業，施設が他に少な
く，綿業での実務を他の業種に一般化することは試みられるこ
ともなかったのである。

---

103)　ポラード（1982）72頁。
104)　堀江（1971）6頁。

第2章

アメリカにおける革新

スプリングフィールド工廠の「緻密」な管理はどのように遂行されたのか？

スプリングフィールド工廠ヒル・ショップスの火災
　1824年3月2日，このヒル・ショップスの大規模な銃床作業所が火災に見舞われた。1万5000本のブラックウォールナット製の銃床とともに，おがくずや廃材に燃え広がり，建物はあっという間に火の海と化し，消失してしまった。ヒル・ショップスではこのような火災が度々生じており，幾度も建物が消失し，移転している（MacKenzie, 2015, p.22）。

写真提供：National Park Service ウェブサイト

第 2 章　アメリカにおける革新

1　なぜスプリングフィールド工廠を対象とし，どの時期を扱うのか？

　第 1 章ではイギリスの産業革命期に生まれた多層階の綿工場を対象にその管理を分析した。高層階の綿工場では，閉ざされた空間内（つまりは工場の内部）で，水車や蒸気力の動力をシャフトや滑車，ベルトなどによって諸機械に伝え，労働者はそれらの機械の世話をすることで最終製品を製造していた。工場管理者が管理する対象はそうした労働者であり，基本的に労働者は工場内で働いていた。

　だが本章では，上記の綿工場とは対照的なスプリングフィールド工廠を分析の対象とする。この工廠はアメリカ連邦政府が設立した兵器の製造所であるだけでなく，アメリカでは「近代的工場の管理」は，この工廠に起源をもつと評価されている事業体である。[1] 実際，工廠では，職人が最初から最後までの工程を単独で行うのではなく，最終製品を構成する部品に分割し，各労働者はその中の一部品の製造に携わり，それらの部品を組

---

1)　チャンドラー（1979）131 頁。ただし，チャンドラーは周到にも「近代的工場管理」に補足を加えて，「近代的な複数の事業部門をもつ大規模企業の管理」とは違うことに留意を促してもいる。また，森杲もスプリングフィールド工廠では「職人的な営みからいわば軍隊組織の規律に変えることを重視し，……一元的なラインを設定して，……全体を管理するのに多大のエネルギーを注」いで，「生産と統制が実行され」，さらに，スプリングフィールド工廠が「管理を含めた意味で，アメリカの近代工場の先駆け」となったと評価している。（森，1996，145-146 頁）。

み合わせて最終製品（この工廠の場合では銃）にする労働者もいた。しかも，スプリングフィールド工廠は広い地理的空間内にいくつかの作業所が散在していた。製造現場の管理という観点からすれば，スプリングフィールド工廠には，第1章で検討した綿業に比べて多くの困難があった。

　単純化して言えば，綿工場では蒸気機関によって機械が稼働し，労働者は機械に材料を補充していく工程が多く，労働者の作業ペースは機械によって定まっている場合が多く，労働者は機械への付き添い工（machine-tender）と言われることも多かった。これに対し，スプリングフィールド工廠では部品の多くが金属でできており，その加工には機械が使用されることが多くなっていたとはいえ，各作業所の工程での作業が同じ速さで進行することは必ずしもなく，作業者が作業速度を決めることができただけでなく，各作業所の作業の進展を管理者がコントロール（制御）する手段もほとんどなかった。

　スプリングフィールド工廠は，19世紀中頃にはマスケット銃を，互換性部品によって製造していた。つまり，各部品の規格を定めて，それぞれの部品は同じ種類であれば相互に交換可能なように製造したことで，歴史的に著名である[2]。こうした取り組みは，スプリングフィールド工廠が設立された18世紀末

2）　銃を互換可能な部品でつくる考えはフランスで生まれ，18世紀末に駐フランス公使となっていたトマス・ジェファーソンがアメリカにこの着想を伝えた。また，アメリカ軍もフランスの合理主義に強く影響を受け，この着想を受け入れる基盤があった（ハウンシェル，1998，36頁）。

第2章 アメリカにおける革新

から行われていたのではなく，1812年に陸軍の兵器局長にデシアス・ワズワースが着任すると，スプリングフィールド工廠とハーパーズ・フェリー工廠の2工廠で，マスケット銃の互換性部品での製造を積極的に推し進めることになった。スプリングフィールド工廠では，1816年に工廠長としてロズウェル・リー大佐が着任すると，工廠内部の管理体制が整備され，部品の製造に機械を導入することが積極的に行われ始めた。

　1819年に兵站部のジェイムズ・ダリバ少佐（James Dalliba）がスプリングフィールド工廠内部を調査した報告書（以下，本文中では『ダリバ報告書』と記す）は，この工廠における基本的な管理体制を示すものとして研究者によって扱われてきた。[3]その結果，スプリングフィールド工廠の管理体制についてはロズウェル・リー大佐が工廠長であった時期だけに焦点があてられてきたといっても過言ではない。だが，本章では，彼が1833年に病死した後に民間人のジョン・ロブ（John Robb）が工廠長になった時期，さらに1841年に軍人のジェームズ・W.リプリー少佐（James W. Ripley）が次の工廠長となった時期をも含めて対象とする。何故ならば，一応，互換性部品によるマスケット銃の精度が高まったとされるのが1842年型式銃だったことと，ロズウェル・リー大佐の時期に始まった管理体制に問題がなかったのかも考えたいからである。

---

3)　Dalliba（1823）.

2 スプリングフィールド工廠はどこに立地し，敷地内はどのようになっていたか？

スプリングフィールド工廠の管理について述べる前に，この工廠がどこに立地していたのか，その内部構成について次節で取り扱うことにする。というのも，「スプリングフィールド工廠は広い地理的空間内にいくつかの作業所が散在していた」状況を具体的に述べ，「製造現場の管理」が困難であったことを示しておきたいからである。

2　スプリングフィールド工廠はどこに立地し，敷地内はどのようになっていたか？

（1）　スプリングフィールド工廠はどこに立地していたか？

スプリングフィールド工廠は，小火器の国産化を目的として，1794年の法律によりその設立が定まった。[4] アメリカの独立戦争時には弾薬の補給倉庫として，スプリングフィールドが機能していたこともあって，ある意味で連邦工廠の一つとして選択されたのは当然とも言えた（ほぼ同時にハーパーズ・フェリー工廠も連邦工廠となった）。

スプリングフィールド工廠は「コネティカット川の河口から60マイル（約100キロメートル）離れた場所」にあり，その当時は工業化の中心地でもなかった。[5] このコネティカット川の流域は「多くの職人や工場をもつ町が点在する当時の工業先進地域で」あり，「イギリスの産業革命の技術は，この流域や近く

---

4)　Whittlesey（1920）p.39.
5)　Raber（1988）p.2；Raber *et al.*（1989）p.17.

第 2 章 アメリカにおける革新

のロードアイランド州などに移住した多くの職人たちによって
もたらされた。スプリングフィールドの周辺にも，工作機械の
改良や新しい機械の開発に携わる者が多く活動していた」[6]。こ
うした人々が開発する機械をもスプリングフィールド工廠は取
り込んで発展していくのである。

水晶宮博覧会（1851 年にロンドンで開かれた世界初の万国博覧
会）の後にスプリングフィールド工廠を訪問したイギリスの調
査団は，この工廠について次のように語っている。「町を見下
ろす高台にある美しい建物で，四角い土地に様々な建物が集ま
っており，敷地は上品に整備されており約 40 エーカー（およ
そ東京ドーム 3.5 個分）の広さがあり……銃身は少し離れた川の
ほとりにある工場で作られている」[7]と。つまり，この工廠はマ
サチューセッツ州の南西部のコネティカット川下流の東岸にあ
った丘の上の平坦部分の土地と，その丘の下を流れコネティカ
ット川に注ぎ込むミル川という川の岸辺にある敷地とに二分さ
れていた。『ダリバ報告書』は次のように書いている。「この工
廠の元々の場所は軍隊の駐屯地（military post）で完全に平らな
高台で，村の東約半マイルのところにあり……北側には深い渓
谷があり，南側にはそれほど深くない谷があり，その背後には
広大な平野がひろがる」[8]場所であったと。

マサチューセッツ州の南西部のコネティカット川下流の東岸

---

6) 橋本（2013）59-60 頁。
7) Rosenberg（1969）p.364.
8) Dalliba（1823）p.538.

2 スプリングフィールド工廠はどこに立地し，敷地内はどのようになっていたか？

にあった丘陵の上にある平坦部分だけを利用するのでなく，丘陵の下も工廠に含まれていた。これは，動力源として，コネティカット川に注ぎ込むミル川の水流を使うためであった。丘陵の南側下にある土地も連邦政府は1795年に購入していた。[9]つまり，スプリングフィールド工廠の施設・作業所は，丘陵の上下に広がっていた。工廠では丘陵の上をヒル・ショップス，丘陵の下をウォーター・ショップスと呼び，それぞれに作業場が設けられおり（図2-1参照），19世紀中ごろには，工廠全体として小火器（具体的にはマスケット銃）の製造がおこなわれていた。（図2-2参照）。

　工廠の広さは時期によって多少の違いはあるが，1930年頃の記録によると，ヒル・ショップス地域の広さは約73エーカー（東京ドーム6.3個分にあたる広さ）で，ウォーター・ショップス地域の広さは約224エーカー（東京ドーム19.4個分にあたる広さ）であった。つまり，両地域をあわせると，東京ドーム約26個分に相当する面積があった。[10]第1章で対象にした綿工場と較べて驚くほど広い敷地であり，工廠は丘の上下に約1マイル（約1.6キロメートル）離れた二つの地域に，多数の施設・作業所が散在していたのである。

　敷地が広大なだけでも労働者の働き具合の監視や管理はそれなりに困難と思われるが，この工廠の場合には，敷地が二分されていることで，なおさら困難だったと考えられる。さらに，

---

9) Whittlesey（1920）p.39.

10) Fuller（1930）p.15.

第 2 章　アメリカにおける革新

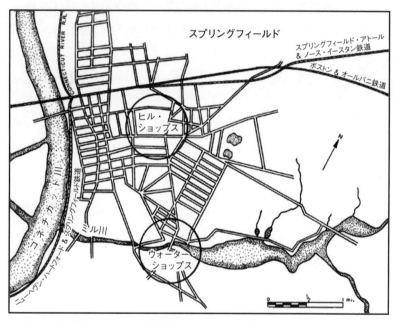

図 2-1　スプリングフィールド工廠の立地（1875 年頃）
（出典）　Raber（1988）p.4.

2 スプリングフィールド工廠はどこに立地し，敷地内はどのようになっていたか？

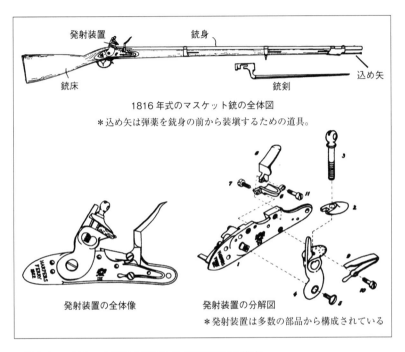

図 2-2 マスケット銃の全体図とその発射装置の構成

（注） マスケット銃は19世紀中頃までは，よく使用された銃である。ただ，この銃は銃身の先から弾薬をいれる銃であり，弾薬を銃身の先端から入れるために（あるいは，銃身内部を清掃するためにも）込め矢（ramrod）が附属している。また銃身の先端には銃剣もつける。

この時期のマスケット銃の内部に螺旋状の溝（ライフル）が刻まれることはなかったが，1840年代初めには，ライフルが刻まれたマスケット銃も製造された。

マスケット銃の構造を大別すれば，銃身の他に発射装置と銃床がある。発射装置（銃機と呼ばれることもある）は，いくつもの部品から構成されている。銃身や発射装置は金属製であるが，銃床は木製である。銃床は1820年代には機械で加工されるようになったが，最終的な仕上げは人の手で行われていた。

（出典） Smith（1977）p.87.

第2章　アメリカにおける革新

この敷地内に幾多の作業所が設けられていたのである。これまでの研究では，こうした状況には触れられたことはほとんどないが，本章では，あえて敷地内の作業所について触れることにする。ただし，作業所は一度建設されたものが長くそのまま存在してはいなかった。失火などによって作業所が焼失すると別の場所に作業所が移されることもあった。この点に留意して説明したい。これまでの研究が主に依拠してきた『ダリバ報告書』だけでなく，1852年に雑誌に発表されたスプリングフィールド探訪記に掲載された絵図などから，この工廠の状況や環境についても述べておきたい。[11] この探訪記の著者(Jacob Abbott)は，この雑誌記事とは別に，少年がスプリングフィールド工廠を訪ねる冒険譚も発表している。[12] だが，両者に使用されている絵図には共通するものが多く，その実質的内容も雑誌記事とほとんど変わらない。しかし，著者が実際にスプリングフィールド工廠を訪問した期日については記述がない。

(2)　ウォーター・ショップス：丘陵の下にある作業所

スプリングフィールド工廠が丘陵の下に敷地を確保したのは，水力を利用するためだった。丘陵の下を流れるミル川は細い流れの川で，その流れを堰留めて滝をつくり，水車を設置して水力を利用する作業を行っていた。『ダリバ報告書』が書かれた頃には，その位置からそれぞれ上流，中流，下流水力作業所

---

11)　Abbott（1852a）.

12)　Abbott（1852b）.

80

2　スプリングフィールド工廠はどこに立地し，敷地内はどのようになっていたか？

(the Upper, Middle, Lower Water Shops) と呼ばれる作業所群が存在していた。[13]

　このウォーター・ショップスにおける大きな変化は，下流水力作業所で起きた。例えば1825年にはブランチャード旋盤を設置した作業所が火災で焼失したが，ブランチャードは新しい旋盤群で作業を内部請負の形で1827年まで続け，その後，工廠が作業を直接行うようになった。[14] この下流水力作業所は1845年頃に廃止され，[15] アボットの探訪記には下流水力作業場については全く言及がない。

　中流水力作業所には，ダリバの報告書でもアボットの探訪記でも，溶接作業所があったと記されている[16]（中流水力作業所の周辺の様子については図2-3参照）。アボットの探訪記によって，溶接作業所について見ていこう。

　溶接作業所の中央に鍛造炉があり，そこで熱した鉄板を，落としハンマー（trip hammer）を使って円柱状にしていく。鉄床（かなどこ）の表面と落としハンマー側とにそれぞれ半円柱のくぼみがあり，その両方を合わせることで，中空の円柱にする。また作業者が仕上げ作業を行う鉄床もある。長さ2フィート（約60センチメートル），幅3インチ（約7.6センチメートル）の鉄

───────────────

　13)　Dalliba（1823）p.538.

　14)　Whittlesey（1920）p.175. なお，ブランチャード旋盤についてはハウンシェルの研究が簡明に説明している。ハウンシェル（1998）49-80頁，参照。

　15)　Whittlesey（1920）p.129.

　16)　Dalliba（1823）p.538；Abbott（1852a）p.148.

第2章　アメリカにおける革新

図 2-3　中流水力作業所周辺の様子
　（出典）　Abbott（1852a）p.147.

2　スプリングフィールド工廠はどこに立地し，敷地内はどのようになっていたか？

板を，地下で水車と繋がっている落としハンマーで打って銃身を製造していくが，銃身の製造はマスケット銃の製造の中で，重要なだけでなく最も難しい作業で正確さも必要であり，作業者は気が抜けなかった。[17)]

　銃身は溶接作業所での作業の後，中流水力作業所から約800メートル離れた上流水力作業所の研削作業所に運ばれて仕上げの作業が行われる。溶接作業所で銃身の形状を大まかに整えた後には，まだ余分な箇所がある。内径は狭すぎ，溶接作業所では7ポンド（約3.2キログラム）以上の重さがあるが，完成品になると4.5（約2キログラム）と記されているので，鉄のかなりの部分が削られることになる。最初に中ぐり作業により銃身の内側が仕上げられ，次にその外側が旋盤で仕上げられる。さらに銃身のひずみやたわみの調整が丁寧に一個ずつ手作業で行われる。その後に，銃身の研磨がなされる。研磨作業所では水車の動力で大きな砥石車が毎分400回転でまわり，研ぎ出される（研磨作業所の内部の様子については図2-4を参照）。かつては，マスケット銃の先端に取り付けられる銃剣も研磨されていたが，銃剣は圧延でできるようになった。[18)]

　ウォーター・ショップスにおける動力は水車を利用している。『ダリバ報告書』では18個の水車があったと記載されているが，[19)]

---

17)　Abbott（1852a）p.148. なお，落としハンマーがスプリングフィールド工廠に導入されたのは1815年だったという。Deyrup（1948）p.113を参照。

18)　Abbott（1852a）pp.149-152.

83

第 2 章　アメリカにおける革新

図 2-4　研磨作業所の内部
　（出典）　Abbott（1852a）p.152.

2 スプリングフィールド工廠はどこに立地し，敷地内はどのようになっていたか？

1830 年には全部で 27 個の水車があった。その後も水車が新た
に付け加えられたが，そのほとんどは，古くなった水車や非効
率的な水車をより効率的な水車に置き換えたものと考えられて
いる。[20] 1860 年頃には中流水力作業所も廃止され，上流水力作
業所もほとんどの作業所が取り壊され，新たに作業所が建設さ
れる。[21] このようにウォーター・ショップスでは次第に上流水力
作業所に作業施設が集中していく。

(3) ヒル・ショップス：丘陵の上にある地域の内部構成

『ダリバ報告書』でも，ヒル・ショップスには様々な作業所
や武器の保管庫があったと記載されている。[22] だが，その記述に
よってヒル・ショップス内部の様子を思い描くことは難しい。
そこで，1850 年頃のスプリングフィールド工廠のヒル・ショ
ップスの様子を，アボットの探訪記の口絵から概観しておこう。[23]

ヒル・ショップスは単一の建物ではなく，多くの建物で構成
されている。図 2-5 はスプリングフィールド工廠の東端からヒ
ル・ショップス全体を俯瞰したもので，この図の奥は丘の端と
なり，丘の下にコネティカット川が流れており，図の奥にはス
プリングフィールドの町並みが遠く描かれている。ヒル・ショ
ップスの東西に道が走っており，道の南側（図の左側に）には

---

19) Dalliba (1823) p.538.
20) Raber *et al.* (1989) p.185.
21) Raber *et al.* (1989) p.185.
22) Dalliba (1823) p.538.
23) Abbott (1852a) p.145.

85

第2章　アメリカにおける革新

A：事務館（Office）
B：南研磨作業場（South Filing Shop）
C：北研磨作業場（North Filing Shop）
D：銃床作業所（Stocking Shop）
E：鍛造所（Blacksmith's Shop）
F：新武器庫（New Arsenal）

図 2-5　ヒル・ショップス全体の概観

（出所）　Abbott（1852a）p.145.

2 スプリングフィールド工廠はどこに立地し，敷地内はどのようになっていたか？

三つの建物が並んでいる。その真ん中の建物（丸天井が描かれている建物）は事務館（Office）で工廠内での様々な処理をする会計係（Counting Rooms）があり，工廠の管理機構の中心である。この本館の北側と南側に（図では右側と左側に）それぞれ建物がある。これらは研磨作業場で，北研磨作業場（North Filing Shop），南研磨作業場（South Filing Shop）と呼ばれており，この建物の各階では多数の労働者が作業をしている。彼らは各自が作業台を持ち，各自が窓に向かって，特有の研磨作業を行っている。さらに，これらの三つの建物の北側（先に述べた東西に走る道路の反対側）には，一部が二階建てで一部が平屋造りになっている建物がある。この高いほうの（図では手前に近い）建物は銃床作業所（Stocking Shop）で，マスケット銃用の銃床が製造され，発射装置と銃身が取り付けられている。[24]

　この工廠ではブランチャード旋盤を使って銃床（マスケット銃の木工部品）が製造されている。これは，1825年まではウォーター・ショップス内の下流水力作業所で水力を使って行われていたが，1844年には工廠で初めて蒸気機関がヒル・ショップスの銃床作業所に導入された。おそらく，蒸気機関によるブランチャード旋盤の稼働が成功したので，下流水力作業所は1845年頃に閉鎖されたと考えられる。[25]

　話を，図2-5の道路の右手にある一部が二階建てで一部が平屋造りの建物に戻すと，この建物のうち，平屋造りの建物は鍛

---

24)　Abbott（1852a）p.146.

25)　Raber *et al.*（1989）p.29.

第2章　アメリカにおける革新

冶作業所で，小さな炉が多くあり，発射装置の部品を手作業で
鍛造している。図で描かれている建物の中で，煙突から煙が出
ている様子が描かれているのは，蒸気機関のボイラーと炉から
の煙と考えられる。

　アボットの探訪記ではマスケット銃の部品の組立作業が実施
されていた地域は明示されていない。だが組立作業では動力を
必要としないので，ヒル・ショップス内部に作業場があったと
考えられる。スプリングフィールド工廠での組立作業の様子は
図 2-6 を参照されたい。なお，ハウンシェルは同じ図を掲げ，
この時期の「スプリングフィールド工廠における組立作業を伝
える唯一のものかもしれない」と述べた後に，「職人がなぜ万
力を必要としたのかはっきりしない」と記しているが，[26] 万力は，
銃の組み立てをしやすいように，部品を銃の本体に組み付ける
ために銃本体を保持していただけのように思われる。他の研究
でも，同じ図を掲げ，「万力で銃床を固定しながら，銃身……
などの金属部品を固定する作業」と説明している。[27] 組立作業は
部品はそれぞれ唯一の型（つまり，ゲージ）を利用して互換性が
維持され，完成した部品は箱に区分けしていれたものを一箇所
に集めて手作業で完成品にしており，アボットが工廠を訪れた
ときには，労働者は約 10 分で 1 挺を組み立て，4 セントを得
ていたという。[28]

---

26)　ハウンシェル（1998）83 頁。
27)　Cooper（1988）p.53.
28)　Abbott（1852a）p.158.

88

2 スプリングフィールド工廠はどこに立地し，敷地内はどのようになっていたか？

図2-6 マスケット銃の組立作業
　（出所）　Abbott（1852a）p.158.

89

第2章　アメリカにおける革新

　さらに，この銃床作業所，鍛造作業所の北側（図2-5の右側）
には，軍の士官の住居が数軒ある。ただし，工廠長の住居はこ
こには含まれていない。その住居はヒル・ショップスの西端，
つまり丘の西端にあり，ヒル・ショップスの建物を見渡すこと
ができ，反対側にはコネットティカット渓谷やスプリングフィ
ールドの町並みを眺められる場所にある[29]。この住居は1841年
に工廠長となったジェームズ・W. リプリーが建て替えたもの
で，豪華すぎると，労働者やスプリングフィールドの住民から
も批判された住居である。

　工廠長の住居の入り口の南側には四角い塔のある立派な建物
があり，図2-5では図の奥の中程に描かれている。これが新武
器庫（New Arsenal）であり，マスケット銃が製造された後，各
地の常設の兵器庫に送り出されるまで，あるいは部隊に送られ
るまでの倉庫であり，マスケット銃が使用されるまでここに保
管される[30]。新武器庫の拡大図は図2-7に掲げた。この新武器庫
とは別に2,3棟の旧武器庫が，新武器庫の南側にある。これら
の新旧の武器庫全体で約50万挺のマスケット銃を保管してお
り，新武器庫だけで30万挺のマスケット銃を保管することを
意図していた[31]。新武器庫は『ダリバ報告書』が書かれた際には
存在していなかった。

　スプリングフィールド工廠のヒル・ショップスのなかには，

---

29)　Abbott（1852a）p.146.

30)　Abbott（1852a）pp.146-147.

31)　Abbott（1852a）p.147.

2 スプリングフィールド工廠はどこに立地し，敷地内はどのようになっていたか？

図2-7 新武器庫
（出典）Abbott（1852a）p.159.

第 2 章　アメリカにおける革新

作業場，武器庫といった銃器製造と保管に関連する建物のほか
に，軍の士官などの住居が存在している場所があった。この地
域を銃器製造用の施設と知らずに，ただ建物や通りの街路樹な
どの外観を見ただけならば，またこの地域を行き交う人を眺め
るだけならば，図 2-7 で見るように，普通の町並みのように感
じられてもおかしくはない状況であった。

(4)　スプリングフィールド工廠の内部構成の特徴

スプリングフィールド工廠の問題は，なんといっても工廠内
の作業所がウォーター・ショップスとヒル・ショップスとに分
離していたことである。例えば，ウォーター・ショップスで製
造した部品は（一部分はその仕上げのためにも）ヒル・ショップ
スに運ぶ必要があった。『ダリバ報告書』では「工廠では馬二
頭，二台の馬車，それに橇が使われていた」と記されているが，[32]
工廠内部の作業所が分離・離散していたため，中間在庫を運ぶ
ためにも馬を使う必要があったと思われる。こうした状況は，
19 世紀中頃になっても変わることはなかった。

水力を利用するためとはいえ，中間在庫品をあえて輸送コス
トと時間をかけてヒル・ショップスに運ぶことは，コスト面か
らしても輸送の時間から考えても，問題があった。アボットの
探訪記の頃でもウォーター・ショップス内部でさえ銃身を完成
するためには中流水力作業所から 800 メートルほど離れた上流

---

32)　Dalliba（1823）p.550.

2 スプリングフィールド工廠はどこに立地し，敷地内はどのようになっていたか？

水力作業所に中間在庫品を運ぶ必要があった。またヒル・ショップスの内部でさえ，工程や作業ごとに別の建物で行われおり，その建物も必ずしも近接していていない。

ウォーター・ショップスとヒル・ショップスの分離という問題は，スプリングフィールド工廠が水力を利用している限り解決できなかったが，蒸気力をヒル・ショップスに設置したことによって部分的には解決された。これによりウォーター・ショップスの水力作業所が一カ所に統合される契機を作るとともに，ヒル・ショップスでの作業を緊密化する契機にもなった。南北戦争中にスプリングフィールド工廠は銃器の生産量を大幅に増加させたが，それは蒸気機関や機械を 1860 年代になって積極的に導入して，ヒル・ショップスが「生産の順番と緊密に一致するように，作業分担が機能的かつ空間的にも初めてなされるようになった」状況があった。[33] 逆に言えば，1850 年代までのヒル・ショップスは，生産の順番と建物の配置とが緊密に一致していてはいなかったのである。

この工廠で蒸気機関の設置が遅れたのは，一つにはミル川の水流の利用を考えて立地が定められたためでもある。だが，蒸気機関を利用すれば石炭を利用することになる。武器の安全な保管を考えた立地の選択から石炭輸送が不利な位置にあったのが，スプリングフィールド工廠であった。これが変化したのが，コネティカット川にそって鉄道が敷設され，1844 年にスプリ

---

33) Raber *et al.*（1989）p.33.

第 2 章 アメリカにおける革新

ングフィールドの町に駅舎がつくられたことであった。スプリ
ングフィールド工廠への物資の流れは大きく変わり始めるが,
工廠内部における主な動力源は,19 世紀中頃までは河川を利
用した水力,つまり水車であった。だが水力では年間を通じて
安定して動力を得ることは困難であり,1844 年には蒸気機関
が導入され,その 5 年後には蒸気ハンマーが導入された記録が
残っている。[34]また 1855 年には銃身が蒸気力を導入して圧延で
製造されるようになる。[35]このように個別の工程では蒸気力を導
入した事例もあった。

　だが,工廠の動力源に蒸気力が大きな影響を与えたのは,水
力を補完する形での蒸気力の利用であった。すなわち,水力を
通年にわたって安定的に利用するために,1861 年になると水
力作業所の近くの池から水を汲み上げるために蒸気機関が設置
された。[36]旧来からの製造技術に大きな変革をもたらすことなく,
その技術を利用しながら通年を通じての水力の安定化に蒸気機
関を利用したのであった。スプリングフィールド工廠の動力源
が蒸気力に完全に転換することは急には進まず,1890 年にな
っても蒸気力はこの工廠における動力の主力とはなっていなか
った。[37]

---

34)　Whittlesey（1920）p.174.
35)　Whittlesey（1920）p.179.
36)　Whittlesey（1920）p.179.
37)　Whittlesey（1920）p.179.

3 スプリングフィールド工廠における管理
——緻密な記帳による資材移動の管理，部品の全数チェック

(1) リー大佐の管理下でのスプリングフィールド工廠

① 工廠を管理する責任者は誰か？

　ロズウェル・リー大佐が1815年にスプリングフィールド工廠の監督になる。ただ，注意しておかねばならないのは，彼が軍人の資格で工廠の監督になったわけではないことである。例えば，スプリングフィールド工廠の歴史について，写真や絵図とともに簡単に纏めた書物でも，あえて「合衆国陸軍中佐ロズウェル・リーは，1815年7月にスプリングフィールド工廠の文民監督（civilian superintendent）として正式に任命された」と書いている[38]。この理由について，監督に任命された当時，第23歩兵連隊の中佐だったロズウェル・リーは「工廠に派遣される将校を牽制するためにも，陸軍での称号を保持したい」と語っていたというが，彼の赴任前にスプリングフィールド工廠を警備していた軍隊が撤収していたので，ローズウェル・リーは陸軍での称号を保持する必要がなくなった[39]。ちなみに，スプリングフィールド工廠の監督が軍人になったのは，第4節(4)で見るように1841年のジェームス・W.リプリーが最初である。

　スプリングフィールド工廠で文民が任命されていたのは，監

---

38) MacKenzie（2015）p.20.

39) Whittlesey（1920）p.75.

95

第 2 章　アメリカにおける革新

督だけでなく，会計担当兼軍需品管理者（the Paymaster and Military Storekeeper）と兵器工長（Master Armorer）も同様であり，兵器工長を除く前二者は法律により大統領によって任命される定めになっていた。[40] この二者のどちらが工廠運営のトップかは明示されていなかった。つまり，工廠の監督が工廠のトップと見なされていたかは疑問であった。スプリングフィールド工廠の設立を定めた 1774 年の法律では，工廠長の給与が月額 70 ドルであったのに対し，会計部長のそれは月額 125 ドルであった。たとえ工廠長が兵器の技術に関しては優れた知見をもっていたとしても，この給与格差が示すように，監督が工廠の操業全般に関して卓越した地位を確立していたとは言えない状況だった。[41] 監督は，資材購入の権限，さらに労働者名簿，就業を記録する権限さえも掌握していなかったのである。[42]

　1815 年頃のスプリングフィールド工廠では，管理の面で二つの大きな問題があった。第一に，資材が集権的に管理されていなかったこと，第二に，労働者への支払いも不定期で統率も不十分であったことである。[43] これらの問題を解決したのが，工廠長となったロズウェル・リーだった。

　ロズウェル・リーが工廠に赴任した時，工廠は決して平安な時期ではなかった。工廠では労働者の賃金が 6 カ月分滞納され，

---

　40)　Whittlesey（1920）p.54.
　41)　Uselding（1973）p.62.
　42)　Uselding（1973）p.67.
　43)　Raber（1988）p.8.

3 スプリングフィールド工廠における管理——緻密な記帳による資材移動の管理，部品の全数チェック

1816年1月には，労働者が反乱するまでになった。同年5月にロズウェル・リーが厳しい措置をとって事態をやや沈静化させ，さらに彼は陳腐化したり不要になったりした銃器を工廠外部に販売して資金を確保し，賃金支払いにあてただけでなく，いざという時に資金を工廠が使用できるようにし，労働者の不満を解決した[44]。また，1816年秋までに，給与支払い，労働者の出退勤の管理，資材の購入が，工廠の監督の権限下に置かれた[45]。これは，工廠が本格稼働した1795年から20年を経て初めて達成されたのである[46]。

②　広大な敷地，分散する作業所，労働の細分化，出来高払い
　　給の労働者増大に，どのように対応したのか？

監督の権限が，会計担当兼軍需品管理者と兵器工長を上回ることになり，ロズウェル・リーは，監督として工廠での製造をどのように円滑に行ったのだろうか。ここで考えなければならないことは，本章第2節で見たように，スプリングフィールド工廠は作業所・水力作業所が広い敷地に分散して存在していたことである。そうした作業所に必要な量の資材を届け，作業の進展を把握する必要がある。特に，工廠が互換性生産の方向に向かった1815年以降，「銃機や銃身，銃床を造る作業場では，……，労働の細分化が急速に進んだ。1815年にスプリングフ

---

44)　Uselding（1973）pp.65-66.
45)　Uselding（1973）p.67.
46)　Uselding（1973）p.67.

第2章　アメリカにおける革新

ィールドで，さまざまな専門職の数は36種を数えたが1820年には86種に増大し，1825年には100種に達した［傍点は引用者］[47]」。それだけでなく，多くの労働者が出来高払いで賃金を支払われることになった。例えば，1819年調査の『ダリバ報告書』では，スプリングフィールド工廠の全労働者244名のうち192名（つまり，全労働者の約8割）が出来高払い給の労働者となっていた[48]。出来高払い給の労働者に対して，その労働者が製造した品物を検査し，一定の水準に達しているかどうかを確認し，その検査に合格した出来高に対して賃金を支払わねばならず，製造現場での作業の進展を労働者ごとに把握する必要も高まっていた。

　ロズウェル・リーは，兵器工長の下に5名の兵器工長補佐（assistant master armorer）を置いた。この5名はそれぞれ，銃床製造や仕上げ工程，銃身溶接，銃機鍛冶の職場で職長（foreman）として働きながら，出来上がった製作品の検査もした。これらの職場はヒル・ショップスにあった。ウォーター・ショップスにある3カ所の水力作業所には，それぞれ一人の職長が置かれた（彼らは，製作品を検査することはしなかった）。このほかに，外部業者に委託した銃を検査する者として2名が配置された[49]。

　工廠における製造に必要な石炭などの資材や道具類は，監督の許可によって，会計担当兼軍需品管理者から兵器工長に渡さ

---

47)　チャンドラー（1979）128-129頁。
48)　Dalliba（1823）p.542.
49)　Dalliba（1823）p.542.

れる。兵器工長は，そうした資材・道具類を兵器工長補佐・職長を介して，それらを使用する職場，各労働者に渡す。こうした取引はすべて記帳された。また，各労働者は製作した部品を兵器工長補佐や職長に見せ，検査をしてもらうとともに，部品を製作した際に使った資材の使用量とスクラップの量も記帳した。こうした帳簿は，兵器工長，会計担当兼軍需品管理者によって保管されただけでなく，月ごとに月報としても纏められた。さらに，監督は月ごとの製造状況を製造現場ごとに集計した表を作成していた。こうした会計帳簿の記載は手間がかかるためか，兵器工長と会計担当兼軍需品管理者，監督には書記（clerk）が付けられていた。資材の受け入れ，払い出しなどは帳簿に詳しく記載されており，間違いが生じても「帳簿と対照すればその原因がわかる」といわれるほどであり，ロズウェル・リーの下で，資材だけでなく各労働者の成果についても，集権的に情報が集約され管理されることになった。

　このように製造現場における資材，部品などについて詳細な記録が付けられたのは，スプリングフィールド工廠が国営工廠であったことも理由の一つであった。監督は会計年度の終わりに，四半期経理報告や年間報告書を提出し，こうした報告書は兵器局長らによって審査され，最終監査と認可のために財務省にまわされることになっており，こうした記録がなければ，兵器局長や財務省から認可を得ることも難しく，次年度の予算の

---

50)　Dalliba（1823）p.548.

51)　スミス（1984）88頁。

第2章　アメリカにおける革新

獲得も困難だったのである。

③　どのように製作品の品質をチェックしていたか？

　各労働者は，完成させた部品について，兵器工長補佐や職長
による検査を受け，品質が合格していれば，その部品に自分を
示す「個人記号」を示す印を刻み（刻印を打ち），検査した兵器
工長補佐・職長も自分を示す刻印を打つことになっていた。工
廠で製造される部品はすべてが検査・刻印され，別の製造現場
で使う場合にはその現場に配送され，次の製造で使われた。も
しもその部品に不具合や問題があったことが判明すると，「個
人記号」を示す印によって誰の責任かがわかる[52]。この「個人記
号」を付ける手法について，1852 年に発表された探訪記では
次のように説明している。

　　　一般的なルールとして，個々の労働者は自分の手を離れ
　　る前に自分の記号を刻印し――この印は消えることがない
　　ので――マスケット銃が完成した後でも，その銃が製造さ
　　れた経歴を正確に辿ることができ，その銃になされた作業
　　はそれを行った労働者を特定できる。このように記号が刻
　　印された様々の部品は様々な時期に非常に綿密な検査や厳
　　格な試験がなされ，何らかの不具合が見つかるとそれに責
　　任がある労働者は損失を負う。その労働者が当該の部品に
　　対して行った作業に対する自分の支払いを受け取れないだ

---

52)　Dalliba（1823）p.538.

100

けでなく，欠陥が発見された時点での当該部品全体の価値
〔つまり，工廠がそれまでに労働者に支払った賃金の総額〕をも
失う。つまり，その労働者は自分の労働への対価のみなら
ず，その労働者の過失によって役に立たなくなった，その
部品に費やした他の労働者に支払われた金額についても支
払いをすることになる。[53]

つまり，『ダリバ報告書』でも指摘されていた，労働者が作
業を終えるとその対象物に「個人記号」を示す印を打つことは，
1850年頃にもそのまま行われていた。労働者がある作業でミ
スを犯した場合，それまでその部品で行った加工作業のすべて
に支払った賃金額を補償することも行われていた。例えば，溶
接工は1個の銃身を銃身の溶接を完成する毎に12セントを得
るが，銃身1個を失敗すれば1ドルを失うことになっていたと
いう。[54]

『ダリバ報告書』によれば，各部品の出来高給は多くの実験
を経て工廠長が決定したもので，スプリングフィールド工廠で
は『ダリバ報告書』調査の頃には，勤勉な労働者であれば1日
に1.4ドルを稼ぐことが可能であり，平均的な労働者であれば
1日当たり約1.35ドルであったというから，[55]部品の製作に失敗
することは労働者にとっても無視できない損失になったと考え
られる。

---

53) Abbott（1852a）p.148.
54) Abbott（1852a）p.149.
55) Dalliba（1823）p.542.

第2章　アメリカにおける革新

　全てのマスケット銃部品の作業工程が終わるごとに，作業を行った労働者が個人特有の印を押すことは，金属製の部品であればその印を消去することも難しく，部品がほぼ完成する段階に至って当該部品の完成間近であっても（完成した後でさえ），その部品を担当した労働者を特定することができ，何らかの理由でその部品に欠陥があれば，その責任を追及することは可能であっただろう。これにより問題箇所を担当した労働者は，それまでの作業を行った労働者が手にするはずだった賃金までも補償する，部品を担当する労働者は作業工程で失敗すれば，それに対する金銭的損失は大きくなる。これによって労働者が丁寧に作業に携わることを期待した方策だったように思われる。さらに，作業工程の終了時に「個人記号」を刻印し，失敗した部品について正確にその数量を把握することによって，工廠全体で使用した材料の量も把握できる。作業工程に対する賃金をそれぞれ事前に決定しておき，完成した部品の数量がわかれば，工廠としては労働者に支払う賃金総額が決まる。このようにしておけば，マスケット銃の生産量がわかれば，工廠が費やす材料（主として鉄材）の量，さらに賃金総額もわかる。つまり，基本的に賃金も材料も出来高に連動していたことになる。[56]

(2)　一人当たりの生産高は上昇したのか？

　ロズウェル・リー監督の下で，スプリングフィールド工廠で

―――――――――――――

56)　Uselding（1973）p.71.

102

3 スプリングフィールド工廠における管理——緻密な記帳による資材移動の管理，部品の全数チェック

は，資材・道具，さらに製作品の移動までもが詳細に記録され
ていた。しかも，労働者が造る製作品も，作業を終えるごとに
検査係や職長がチェックし，品質が合格であれば製作者を示す
刻印，検査した者の刻印を押しており，製造した全製作品の質
をチェックしていた。このような管理方法を採用していれば，
広大な敷地と分散した作業所といった条件下でも，労働者を十
分に統括することができ，工廠としても労働者一人当たりの生
産高が増えていったと想定してもおかしくはあるまい。しかも，
ロズウェル・リーは積極的に銃床製造機械などを導入していた
のであるから。

　これまでスプリングフィールド工廠の管理を扱った研究の多
くは，リー大佐の改革を称揚してきた。しかし，具体的な管理
方法の問題点ではないが，スプリングフィールド工廠の成果に
関して疑問を呈した研究者がいた。それはユーセルディングで
あり[57]，彼の研究は，リー大佐の改革について肯定的に捉えてい
たチャンドラーも無視できず，ユーセルディングの疑問を次の
ように要約する。

　　1817 年から 1833 年の間［リー大佐の工廠長の在任期間］に，
　製造工一人あたりの「マスケット銃に換算した場合」の生
　産量は，年間わずか 60 挺弱であった。労働者数が 231 人
　から 250 人の間に安定していた 1815 年から 1833 年の期間
　に，製造工一人あたりの生産量が 65 挺に増大したのは 4

---

57)　Uselding（1973）p.60.

第2章　アメリカにおける革新

年だけであった。[58]

　この生産量は，ディラップのコネティカット河地域のスプリングフィール工廠を含む武器製造業者に関する古典的研究から算出したものである。[59] ただし，ライフル銃も一部は製作していたので，それをマスケット銃の 1.5 倍と見なして算出している。まったく新たに算出した数値ではなく，研究者がある意味で所与と見なしてきた古典的な研究から導いた数値である。

　チャンドラーはリー大佐の改革を高く評価したものの，この工廠の生産実績が並み外れて優れていたものではなかったという主張を認め，その原因を次のように説明した。

　　　リーは，内部調整をより効果的に行なうとともに，施設のなかの材料の流れをいっそう速めるために，自分のもっている情報を利用しようとはしなかった。したがって，彼が兵器廠〔工廠〕を引き継いだ後 20 年間にわたって，銃の生産にあまり大きな変動はなかったし，生産の速度も同様に比較的ゆるやかなままであった（傍点は引用者[60]）。

リー大佐が改革によって得られた情報を生産量の増大や生産性の上昇には用いなかったと，チャンドラーは説明した。また，メリット・ロー・スミスも，詳細な記帳によって工廠を管理していたにもかかわらず，兵器局の役人はスプリングフィールド

58）　チャンドラー（1979）143 頁の注 73。この主張は，Uselding（1973）p.60 によるスプリングフィールド工廠の生産実績の表に基づいたものである。

59）　Deyrup（1948）.

60）　チャンドラー（1979）130 頁。

104

工廠とハーパーズ・フェリー工廠の「大まかな比較だけにそれらの資料を用い，内部の生産工程のより効率的な管理の達成には使用しなかった」と述べている[61]。

　彼らはスプリングフィールド工廠の管理それ自体に，問題があったとは考えずに，保持していた情報を利用しなかったなどと述べているが，工廠の管理そのものに問題があったのではないだろうか。この点について，次に考えて見たい。

4　スプリングフィールド工廠での管理に問題はなかったのか？

(1)　労働者の出来高払いの算定に関する疑問提起

　近年，会計史学者の論争の中で，スプリングフィールド工廠に関する事実について興味深い発見がなされた[62]。この論争の中で，ダニエル・タイラー（Daniel Tyler）いう陸軍士官の自伝が紹介されたのである[63]。この自伝の中に，スプリングフィールド工廠の出来高払いの算定基準が労働者にとってきわめて有利になっていたことを疑わせる記述がある。『ダリバ報告書』の中では，各部品の出来高払いの算定は多くの実地検証を経て工廠監督が決定したと簡単に述べられていただけであった[64]。タイラ

---

61)　スミス（1984）88 頁。
62)　Hoskin and Macve（1994）などを参照。
63)　Tyler（1883）．本書は米国議会図書館に所蔵されている。
64)　Dalliba（1823）p.542.

第2章　アメリカにおける革新

ーは，何を根拠に工廠での出来高払いの算定基準が労働者に甘くなっていると考えたのだろうか。

　タイラーはスプリングフィールド工廠に赴任する前は，フランスの工廠に行き，その状況を見てきた人物である。その彼が，武器製造におけるフランスの工廠とスプリングフィールド工廠との相違について調べることを指示される[65]。この指示はタイラーの失態を救済する意味もあったように思われる。タイラーはフランスに派遣され，大砲システムについて調べて帰国し，それらの資料・図面を 1830 年早々に英語に翻訳してワシントンに行って提出することになっていた。ところが，それらの資料を（おそらくは盗難で）紛失してしまう。これらの資料を取り戻すべくタイラーは報奨金をだすことにしたものの，資料が手許に戻ってこない間に決まったのが，タイラーのスプリングフィールド工廠への派遣だった（ただ，その後，報奨金のせいもあり，資料は無事に回収された[66]）。

　タイラーは，スプリングフィールド工廠に赴任すると，フランスの工廠に較べてスプリングフィールド工廠では機械化が進んでいたことに驚く[67]。フランスの工廠では全ての作業が手作業で行われていたのに対し，マスケット銃の部品を互換性で生産する方向に動き出していたスプリングフィールド工廠では，すでに機械化が進展していたのである。

---

　65)　Tyler（1883）p.18.
　66)　Tyler（1883）pp.17-19.
　67)　Tyler（1883）p.19.

4　スプリングフィールド工廠での管理に問題はなかったのか？

タイラーは，さらに次のように書いている。

　　［フランスの工廠とスプリングフィールド工廠は］どちらの工廠でも，マスケット銃の製造は「出来高制」で行われ，作業ごとに賃金が支払われている。第一に，機械の導入によって仕事のコストは削減されたわけではないこと，第二に，［スプリングフィールド工廠の労働者は］機械の導入前と同じ賃金を「出来高払い」で受け取っており，誠実に1日10時間働けば，月に150ドルから200ドルを簡単に稼ぐことができることがわかった。[68]

この「月に150ドルから200ドル」という賃金額は，『ダリバ報告書』では「月給20ドルから60ドル」と報告されていただけでなく，「月給が60ドルに達する者は244名中，3,4人しか」いないという状況とは大きく異なっている。[69]

　タイラーは，この観察だけにとどまらず，さらに次のような観察を行った。

　　［1830年］2月の初めに，私はスプリングフィールド工廠の調査を開始し，6カ月の間に私は，マスケット銃の製造でのすべての分業された作業のタイミングを観察し，時には丸一日作業員を観察し，作業員が誠実に仕事をしていることを確認し，特定作業の遂行に必要な正確な時間がわかったと確認できるまでは，決して作業員から離れないようにした。このようにして，私は労働者が政府の定めた〔出

---

68)　Tyler（1883）pp.19-20.
69)　Dalliba（1823）p.542.

第 2 章　アメリカにおける革新

来高〕賃金で 10 時間働いた場合，毎日いくら稼げるのか
を正確に知るようになった。第一に，「出来高払い」のそ
れぞれの作業にとっての公正な賃金はいくらなのかが，第
二に現行モデルのスプリングフィールド製マスケット銃を
製造するのに必要とする正確な作業時間がわかった。[70]

　後年のタイムスタディ（時間研究）でストップウォッチを使
い作業時間を計測することを想起させるようなことを，タイラ
ーは行ったと主張しているのである。

　この自伝によれば，『ダリバ報告書』の調査時点よりも，出
来高払いの賃金設定が，少なくとも 1830 年頃には，労働者に
とって有利になっていたことになる。ロズウェル・リーが設定
した当初の出来高払いの賃金設定が妥当だったのかが疑問とな
る。実際，作業に携わる労働者の作業時間を管理者が決めるこ
とは困難であり，ましてや機械化を推し進めている時期の半ば
に作業時間を設定すれば，実際の作業時間は機械が導入する前
と後では大きく異なることになる。したがって，たとえ労働者
の作業実態を的確に管理者が把握できていたとしても，出来高
払いの賃金設定は絶えず改訂していく必要があろう。だが，そ
うした改訂作業が行われていたかどうかは不明である。もし改
訂作業が行われていなければ，機械化が進展すれば，労働者に
とっては出来高払いの賃金設定は有利に推移しよう。もしも，
表面上は何も変わらないように見えても，出来高賃金率が一定

---

　70)　Tyler（1883）pp.20-21.

108

4　スプリングフィールド工廠での管理に問題はなかったのか？

であれば，労働者は実質的に作業時間を短縮しながら，従来通りの賃金額を得ることが可能だったことになる。

(2)　ダニエル・タイラーは，どのような時期に工廠にいて，どのような役割を果たした人物か？

スプリングフィールド工廠では，監督ロズウェル・リーが健康を損ねていた。この状況がダニエル・タイラーにも関係することになる。このことをメリット・ロー・スミスは次のように書いている。

> ［ロズウェル・リーは］1823 年から 1830 年の間，西部の工廠の建設調査の仕事から，紛争の多いハーバーズ・フェリーの監督として二度滞在するなどの特別の仕事により，15 カ月以上もスプリングフィールドを離れた。事実，1823 年および 27 年には，工廠にいるよりもそこを留守にする方が多かった。……1830 年までに，こうしたもろもろの仕事が，リーのエネルギーを奪い，健康を損わせた。それゆえ，彼は請負の監督の仕事を免除してもらおうと願った。リーが病気であり，スプリングフィールドの仕事にたずさわる時間が必要であることを認めて，ボムフォードは，請負銃器主任検査官の役職を創設し，ダニエル・タイラー（Daniel Tyler）という有望な中尉をそのポストにつけることによって，かれの要求を受け入れた。タイラーは仕事をたくみにこなし，請負銃器の品質は改善され始めた。[71]

この「請負銃器主任検査官」にタイラーが就いたのは 1832

第 2 章　アメリカにおける革新

年 1 月である。これ以後，スプリングフィールド工廠の業務に
当たっていた検査員は，タイラーの命令下に置かれることにな
る。

　タイラーが民間業者の製造した銃を厳格に検査すると，ジャ
クソン大統領支持者の多かった民間業者は苦情を申し立てた。
だが，請負業者に対して，検査に応じるか契約を破棄するかの
いずれかを選ぶようにとの決定が出ると，6 カ月も経たないう
ちに，民間業者の銃器の品質が国営工廠の銃器を上回るように
なったという。

　この後，タイラーは大尉への昇進を推薦されたにもかかわら
ず，「ジャクソン大統領個人の悪意」によって拒否されたと考
え，1834 年 5 月 31 日に軍隊を辞した。

　タイラーがスプリングフィールド工廠に在任した時期に，ロ
ズウェル・リーが健康を損ね，1833 年には休暇をとることを
求めていた。これが認められ，タルコットが，監督代理を務め
るためにスプリングフィールド工廠に赴任した。ところが，リ
ーは体調不良で家を離れることも出来ずに，8 月 25 日に病死
する。このリーの死去によって，タルコットは監督代理の職を
解かれ，1833 年 11 月 1 日にジョン・ロブ（John Robb）がスプ

---

71)　スミス（1984）94 頁。
72)　Tyler（1883）p.23.
73)　Tyler（1883）pp.23-24.
74)　Tyler（1883）p.24.
75)　Tyler（1883）p.25.
76)　Whittlesey（1920）p.114.

110

4 スプリングフィールド工廠での管理に問題はなかったのか？

リングフィールド工廠の監督に任命された。ジョン・ロブは米英戦争のニューオーリンズの戦いを率いたアンドリュー・ジャクソン将軍の従軍牧師を務めており，1828年の大統領選でジャクソンが勝利し，政党政治が発展したアメリカで，公職の任命が政治的背景に基づいて行われる「猟官制度」による任命であった。しかし，ジョン・ロブには「銃の知識も，製造に関する知識もなかった」のである[77]。

このように，タイラーがスプリングフィールド工廠に赴任していた時期は，監督がリーからロブに替わる時期だっただけでなく，ジャクソン大統領の影響力が大きくなった時期でもあった。

(3) 監督ロブは，出来高払い給の問題に どのように対応したのか？

タイラーの出来高給に関する「発見」は，単なる一個人によるものではなく，兵器局から派遣された士官がフランスの工廠とスプリングフィールド工廠の相違を調べるようにとの命令に基づき，観察した結果である。したがって，この「発見」は兵器局に報告することになった。タイラーは，自伝で次のように書いている。

　　　私［タイラー］の最初の報告によって，兵器局は〔現在の出来高払い賃金の算定〕価格〔が労働者にとって有利となってい

---

77) Whittlesey (1920) p.115

第2章 アメリカにおける革新

ること〕に驚愕し，その結果，タルコット大佐，クレイグ少佐，そして私〔タイラー〕による委員会をスプリングフィールド工廠で開き，「工廠での出来高払い賃金」の適正な価格について兵器局に報告するように命じた。[78]

この委員会の設置が伝わると，次のような事態がスプリングフィールド工廠で起きたと，タイラーは書いている。

　〔スプリングフィールド工廠の〕労働者たちは，……〔ジョン・〕ロブに扇動され，たった1日で5,000ドルを集め，彼らの代表をワシントンに送り，ジャクソン将軍（当時大統領）に彼らの主張を代弁してもらうことにした。さらに，彼らは工廠の再編成を意図していた法案に反対した。この法案は，当時監督していた民間人〔つまり，ジョン・ロブ〕に代わる工廠長の任命を意図していると彼らは主張した。[79]

タイラーらで構成する委員会は，第2回目の会合で，出来高払いの新たな価格表を決定した。だが，労働者がとった行動の影響力は大きく，この価格表は一時的に停止されたばかりか，結局は委員会による価格表は急進的すぎるとして，ロブ工廠長とジャクソン大統領の承認を得られなかった。[80]

　旧来の〔出来高給の〕価格に戻り，若干の変更を加えながら，ロブ監督のもとで従来通り作業が進められた。[81]

---

78)　Tyler（1883）p.21.
79)　Tyler（1883）p.21.
80)　Tyler（1883）p.21.
81)　Tyler（1883）p.21.

ロブが監督だった時期に，出来高給賃金が見直され引き下げられることはなく，彼の「7年半の在任中に名目賃金は上昇し，例えば1836年だけで10～12パーセント上昇した」という[82]。彼は，兵器局の許可なく出来高払いの価格を上げたことは否定したが，「均等化」したと述べているものの，マスケット銃の異なる部品に対する仕事の量をどうやって均等にしたかについては説明することはなかった[83]。

　ダニエル・タイラーが「発見」した事実により，スプリングフィールド工廠の出来高賃金が適正か否かという問題が提起されたものの，ジョン・ロブ監督の下ではこの問題は取り上げられることはなかった。つまり，ディラップが，スプリングフィールド工廠の管理は，リー大佐のもとでは「その優れた管理と高い効率性で傑出していた」と評価されていたのに対し[84]，1833年から1841年までリーの後継者であったジョン・ロブの下で管理は緩和され，労働規律は全般的に悪化したという評価は当たっていよう[85]。

(4)　リプリー監督の下で，出来高賃金給の問題はどのように扱われたか？

　兵器局は工廠監督を民間人から軍人に代える決断を下し，

---

82)　Raber *et al.*（1989）p.256.

83)　Raber *et al.*（1989）p.256.

84)　Deyrup（1948）p.49.

85)　Deyrup（1948）p.162.

第 2 章　アメリカにおける革新

1841 年 4 月 15 日をもってスプリングフィールド工廠，ハーパーズ・フェリー工廠のそれぞれの監督を解雇し，あらたに軍人を任命した。[86] スプリングフィールド工廠の監督には，アメリカ陸軍の少佐ジェームズ・W. リプリー（James W. Ripley）が任命された。[87]

　スプリングフィールド工廠の監督に軍人が就いたのは初めてのことで，軍人の監督の是非を巡って大きな議論を巻き起こした。リプリーの赴任後には，スプリングフィールド工廠は周辺の住民との軋轢があり，リプリーはヒル・ショップスの周囲を鉄柵で囲うなどした。また，自身のスプリングフィールド工廠での住居を豪華に改装したなどの批判も浴びる。さらに，スプリングフィールド工廠に赴任直後から建物の大幅な新築・改築に取り組み（本章第 2 節 (3) 参照），そのため一時，工廠の操業を中断したり，労働者を解雇したりもした。このためリプリーは後に労働者などから訴えられ，軍法会議に掛けられたが，無罪になる。[88] リプリーの工廠内の建物の大幅な改築により，1842 年式マスケット銃の生産が行われたが，これはハーパーズ・フェリー工廠とスプリングフィールド工廠で同一モデルを生産する初のケースであり，互換性製造への大きな一歩となった。

　このようにリプリー少佐は毀誉褒貶の激しい人物であったが，

---

86)　Smith（2015）p.268.

87)　Whitteney（1920）p.121.

88)　この点については，Tull（2001）の第 4 章 "Mechanization and the Military System" が詳しい。

ここでは出来高給の問題に焦点を絞って考察することにしたい。

ダニエル・タイラーは自伝の中で，タイラーが軍隊を辞めた後に，タイラー自身を含む委員会が開かれたと記している[89]。この委員会は，リプリーがスプリングフィールド工廠の監督になってから開催されたもので，「スプリングフィールド工廠の状況と経営」を検討するための委員会であり，1841年8月30日から1842年5月9日まで開催された委員会である[90]。

この委員会が驚いたことは，勤務時間が定められていないことだったという。そのため，水力作業所では，たった一人の機械工のために機械が稼働していたことがあったという[91]。このため1カ月に数日欠勤しても，50ドルから60ドルを稼いでいる例があった[92]。また，ある労働者が2週間あるいは10日間だけしか働いていないにもかかわらず，41ドルあるいは49ドル稼いでいる事例があった[93]。一方，1カ月働きに出てこないにもかかわらず，賃金30ドルを受け取っている例もあり，誰かが代わりに働いていたことが明らかな例もあった[94]。すなわち，労働者のなかで賃金額があまり高くならないように調整しているのは明らかであった[95]。全般的に賃金が高いため，このような行動

---

89) Tyler（1883）pp.21-22.
90) United States（1842）.
91) United States（1842）p.2.
92) United States（1842）p.3.
93) United States（1842）p.3.
94) United States（1842）p.3.
95) United States（1842）p.3.
96) United States（1842）p.3.

第2章　アメリカにおける革新

を取っていた。このように賃金が高くなったのは，前の監督つまりジョン・ロブが労働者の求めに応じて上げたからであり，しかも兵器工長が不在の時に決定されたという。[97]

　こうした調査結果から，委員会は，管理本部から距離的にも離れているため管理が行き届かなかったウォーター・ショップスの各水力作業場に配置されていた検査委員を廃止し，工廠の監督に直属する検査員を1名任命し，他の検査委員より25パーセント上回る給与を支給すること，この検査委員に対し，各水力作業所に有能な検査官補佐を配置することにすることを勧告した。[98] また労働者が同一時刻に作業を開始・退勤するよう勧告した。このために各作業所の監督あるいは検査員に対し，労働者が実際に作業に従事した時間を毎日記入することを求めた。[99] また，当然ながら，出来高給の全面的な見直しを求めたのである。[100]

　リプリーが監督であった期間の1842年から1854年3月までに，工廠の名目賃金の水準は平均日給で1.63ドル上昇したものの，マスケット銃の総コストは1852年までに8.75ドル低下し，労働者一人当たりの賃金額は1841年当時よりも増えたという。[101] これは，新たな機械の導入だけでなく，すべての部門での効率の上昇によるものだった。[102]

97）　United States（1842）p.11.

98）　United States（1842）pp.5–6.

99）　United States（1842）p.6.

100）　United States（1842）p.6.

101）　Raber *et al.*（1989）p.258.

5 スプリングフィールド工廠の管理上の問題は何だったのか？

スプリングフィールド工廠の「状況と経営」に関する1841年の委員会の調査によって，同工廠の管理上の問題が明らかにされた。出来高賃金の算定が労働者にとって有利であったため，出来高給の労働者は短い時間で労働を終え，賃金を得ることができた。短い時間で労働を終えずに，より多くの仕事を出来高給で行い，より多くの賃金を手にすることもできるが，彼らはそうはしなかった。一定程度の賃金額を得ることで彼らは満足し，多額の賃金を手にしようとはしなかった。それどころか，出勤をしなかった労働者が仕事をしたようにして，その労働者がある程度の賃金を手にすることができるようにした。つまり，スプリングフィールド工廠で互換性製造が進展し，工程に様々な機械が導入されると，「より短い時間でより多くの仕事が完成でき」たが，労働者は「新技術の最適使用により所得を最大化しょうとするよりも，かれらの大部分は，その生産をいままでの水準にとどめ，いままでと同じ月給を家に持ち帰ることを選んだ」[103]。まさしく，労働者は「農耕のような他の仕事をする余暇」を得ながら，彼らは「比較的高い出来高賃金を維持できるようにし」，「生産の合理化に順応する」のではなく，工廠は

---

102) Raber *et al.* (1989) p.258.
103) スミス（1984）108頁。

第2章　アメリカにおける革新

「自分の労働時間をコントロールし，技術変化の最中にも前工業化時代の伝統を維持する手段となった」といえよう[104]。こうした労働者の行動を防ぐために，スプリングフィールド工廠では，出来高給の賃率を見直すことと出勤時間を定めることで対応しようとしていた。

　互換性製造を進展させるために，スプリングフィールド工廠ではさまざまな工程に機械が導入され，たえず工程そのものが変化し，ただ単に労働の細分化だけでなく，さまざまな再編成が繰り返されていたはずである。そうした中で，工廠の管理者が最適な出来高賃金率を見出すのは困難であろう。たとえ最適なものを見出したとしても，労働者側にとって有利な設定になっている可能性も否定できない。

　スプリングフィールド工廠では，労働者に対し一定の出勤時刻と労働時間を設定することで，労働者が「自分の労働時間をコントロール」できないようにした。だが，これで問題は解決したのだろうか。ウォーター・ショップスの水力作業所には，銃身の溶接など作業者の能力に大きく依存する工程が残っており，作業者には職人的気質が色濃く残っていたが，これには作業場の特質も関係していた。水力作業所に配置されていた溶接工などには「石炭の火力が適温になるまで待つ，あるいは冬季には水力作業所が凍結のために作業が停止するなど，自然現象による休止や休息があった[105]」。あるいは夏場には水量不足のた

───────────────

　104）　スミス（1984）108 頁。
　105）　Tull（2001）p.113.

118

めに水車が動かないことや，火力の熱気のために休息せざるえない事情もあった。これは作業日の勤務時間を一律に定めなかったことに関係していた。したがって，たとえ勤務時間を一律に定め，労働者が出勤したとしても，実際には働けない状況があったと思われる。したがって，ウォーター・ショップスでの検査員が同じ職場の職長であった時は，こうした状況のため無理強いをしなかったこともあろう。それが長期にわたれば慣行として定着し，それを修正することは困難になっていったとも考えられる。

　このように考えると，出来高賃金率を修正し，勤務時間を定め，さらにウォーター・ショップスの水力作業場の検査員を職長ではなく監督直属の検査委員に変更するだけでは，工廠の問題は全面的には解決しなかったと考えられる。

　このように考えると，リプリー監督が工廠でおこなった施策に合点がいく。リプリーは，ヒル・ショップスに初めて蒸気機関を設置しただけでなく，ウォーター・ショップスの下流水力作業所を閉鎖し，さらに蒸気機関のヒル・ショップスでの設置を増やしてウォーター・ショップスを閉鎖することも考えていたと思われる。だが，結局はリプリーの後の監督の時期に上流水力作業所を整備し，ウォーター・ショップスでの水力作業所は1カ所に集約されることになる。つまり，定まった労働時間を確保するために，ミル川の水車に依存せずに蒸気機関に依存する方向へとリプリーは舵を切ろうとしたのであった。さらに，ヒル・ショップスでの大幅な建物の増改築は，製造の順序に応

第2章　アメリカにおける革新

じて建物を配置することで，互換性製造の進展に合致している
と評価されてきた。だが，広大な敷地内に多数の分散した建物
があり，それぞれの内部で作業が行われていたのを，拡張・拡
大した少数の建造物に集約し，労働者が行っている作業を管理
しやすくするという効果もあった。ウォーター・ショップスの
集約を図ったのも，管理自体が困難な作業所の数を削減しよう
としたという側面もあったのである。

　広大な敷地に分散した作業所があり，とりわけ工廠自体がヒ
ル・ショップスとウォーター・ショップスに二分されており，
ただでさえ管理は困難な状況であった。ロズウェル・リーが監
督になると，資材については，その移動を逐一記録することで
管理した。労働者の作業状況については，出来高賃金制を導入
したことで管理がうまくできたかのようであった。だが，出来
高賃金率の算定が労働者側にとって甘くなっており（設定当時
は的確な設定であっても，互換性製造を進めるために機械が導入され，
労働の細分化がなされるにしたがい，実態にそぐわなくなり），短い
時間で労働を終えることが出来るようになっていった。とりわ
け，同じ職場の職長が検査員になっていた水力作業所では，石
炭の火力が十分な温度に上がるまで仕事ができないとか，水流
の不足や氷結などの事情によって水車が動かない状況があった
ため時間管理が甘くなるという事情もあった。こうした状況を
脱するために，蒸気機関をより管理がしやすいヒル・ショップ
スに導入し，ウォーター・ショップスでの作業を集約しようと
したのである。

5 スプリングフィールド工廠の管理上の問題は何だったのか？

　スプリングフィールド工廠の管理は後の企業経営にどんな課題を残したのだろうか。ロズウェル・リーが監督の時代には，指揮命令系統は一元化され，資材の移動や増減だけでなく，個々の労働者の成果も厳格に記録されていた。このスプリングフィールド工廠の問題は出来高賃金の設定の仕方だけだったのだろうか。そうではあるまい。作業現場の管理を厳格化しても，その作業現場の管理者と作業者が共謀すれば，工廠全体の管理者の意図と違ったことを実施することができた。たとえ，個別作業者ごとの作業結果を厳密に記録していても，それは変わらなかった。つまり，製造作業（ものづくりの作業）の結果（成果）だけの記録・記帳を厳密に行っていても，工廠全体の管理者の意図とは違ったことを実現できたのである。このスプリングフィールド工廠は，ものづくり現場の管理を作業結果の記録・記帳だけに依存することの限界を示していた。

第3章

日本における革新

「ものづくり現場」での「伝票」の役割はどのようなものなのか？

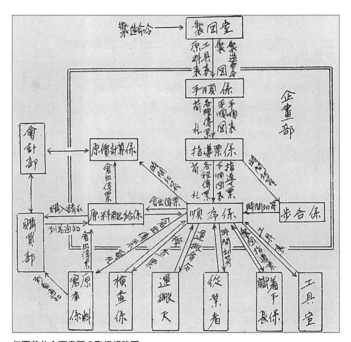

伝票其他企画書類の取扱経路図
　なお，この図は，平井（1934）318頁に，手書き文字を活字に修正したうえで，「企画書類取扱経路図」として再録されている。

出所：國松（1926）302頁

第3章　日本における革新

1　日本の「ものづくり現場」でよく使われている用語

　本書の第1章，第2章では，マンチェスターの綿工場とスプリングフィールド工廠を対象にその内部を調べ，どのような管理方法をとっていたのかを検討してみた。しかし，本章では，これまでのように具体的な製造工場を取り上げるのではなく，日本の「ものづくり現場」（様々な財の製造現場）で実際に使われている特徴的な用語について考えてみたい。

　こういう風に書き出すと，読者の多くは「かんばん」とか「かんばん方式」について語り始めるのではないかと考えるかもしれない。たしかに，「かんばん」や「かんばん方式」という用語は，近年，多くの書物で語られてきた。だが，もっと古くから使われてきた用語がある。それは「伝票」である。「伝票」という用語は，筆者の体験によれば，町工場と呼ばれるような小規模な工場から大きな会社の工場にいたるまで，多くの日本の工場で使われている。

　トヨタ自動車の生産には「かんばん」というものが大きな役割を果たしているとよく言われるが，トヨタの生産方式について検討した新郷重夫はその著書『トヨタ生産方式のIE的考察』の中で，次のように述べる（なお「かんばん」の表記については，本章では「かんばん」と記すが，原著者が別の表記，例えば「カンバン」としている場合は，そのまま記す）。

　　　普通工程管理を行う場合，次の"3つの伝票"が主な機

124

能を果たしている。

① 現品票……その製品が何であるか，を表示するもの。

② 作業指示票……「何を，いつまでに，どれくらいの
量を作るか」を指示するもの。

③ 移動票……どこから，どこへ運搬すべきか，を指示
するもの。[1]

新郷は，このように工程管理に使われている「伝票」の機能
を整理した上で，次のように述べる。

トヨタ生産方式で使用されている"カンバン"は……全
くこれと同様の機能を果たしているのであって，決して特
別のものではないのである。すなわち

● 仕掛けカンバン……現品票と作業指示票，

● 引き取りカンバン……現品票と移動票，

の役目を果たしていることになる。[2]

としたうえで，

自動車の生産が"繰り返し生産"であるため，

○ カンバンを反復使用する，

○ カンバン枚数を限定することによって，流動数を
限定し，作りすぎの ムダを排除して，最小限度の
ストックに規制する，

という点に特徴があるのであって，それは，むしろ"カン
バン制度の特徴"と考えるべきであろう。[3]

---

1) 新郷（1980）259頁。

2) 新郷（1980）260頁。

第3章　日本における革新

　このように新郷は，少なくとも日本における工程管理におい
ては「伝票」が主な機能を果たしているとし，「現品票」「作業
指示票」「移動票」のことを総称して「伝票」としている。ま
た，新郷はトヨタ自動車の「カンバン」も同様の機能を果たし
ており，自動車生産が繰り返し生産なので，「カンバン」は反
復して使用されているのだとした。藤本隆宏もこの主張を受け
てか，『生産マネジメント入門』のなかでトヨタ自動車の「カ
ンバン」を「循環伝票」と呼んでいる。[4]

　新郷や藤本が「かんばん」をわざわざ「伝票」という用語で
解釈しているのも，「伝票」が日本の製造現場で広く使われて
いるからであろう。しかし，国語辞書で用語「伝票」を調べて
みると，「金銭や物品の出入りなどを記載する一定の形式を備
えた用紙。会計記録の基礎となるもの。入庫伝票・出庫伝票・
売上伝票・入金伝票・出金伝票など」（『大辞林』第三版）という
説明があるだけで，製造現場との直接的な関わりを示すものは
ない（ただ，入庫ないし出庫伝票という用例が製造現場との関わりが
ある可能性を示してはいるが）。

　製造現場を扱う書物などでも「伝票」という用語は使われて
おり，新郷のように「現品票」や「作業指示票」というような
説明があるものはあるが，なぜ「会計記録の基礎となる」よう
な用語が日本の製造現場で使われているのかについては，説明
されることもない。本章では「伝票」という用語を改めて考え

　3）　新郷（1980）260頁。
　4）　藤本（2001）207頁，224頁，および235-236頁を参照。

てみたい。

2　日本のものづくり現場で飛び交う用語「伝票」とは？

(1)　ものづくり現場での「伝票」の使用は，いつごろから広まったのか？

　国語辞書では「金銭や物品の出入りなどを記載する一定の形式を備えた用紙」だと定義されている「伝票」が，なぜ製造の現場で使われているのだろうか。さしあたり，製造現場で本当に「伝票」なる用語が使われているのかを確認してみたいが，製造現場の管理の実態については社史などでもほとんど書かれていない。そこで，実際の事例ではないが，さしあたり学生向け「生産管理」のテキストで確認すると，「材料の払い出しは出庫伝票を用いて倉庫部門へ，作業内容・数量などは作業伝票を用いて現場へ，検査依頼も作業伝票を用いて現場へ，検査依頼も作業伝票を用いて検査部門へと伝達されます[5]」（傍点は引用者）というように，「伝票」は多用されている。

　実際，日本では「伝票式工程管理」という用語が第二次大戦後に使われていたことがあり，この用語を，実務に関わっていた人物は次のように説明している。

　　伝票式工程管理とは……多くの伝票を使用し，伝票中心の管理方法である。勿論従来はこの管理方式一色であった

---

5)　富田・糸久（2015）125 頁。

第3章　日本における革新

が，こんな名は付けられていなかった。この管理方式に於てはその名の示す通り伝票が非常に大きい役割を果たしており，……工程管理とは伝票管理とさえ，一般に考えられておる程である。[6]

つまり，日本のものづくり現場では，ある時期以降「伝票」という用語が多用されていたというのである。生産管理や工程管理にかかわる実務書，テキストでは「伝票」という用語が数多く使われているものの，どういった経緯で使われるようになったか，どのような経営に関する考えから生まれてきたのかは説明されていない（あえて，そのようなことを穿鑿する必要も感じないほど，ものづくり現場に「伝票」という用語が定着しているからでもあろう）。

しかし，産業革命期における多層階の紡績工場でも，互換性生産を生み出したというスプリングフィールド工廠でも，ものづくり現場で「伝票」が使用された形跡はなかった。ものづくり現場で「伝票」を使用する考えは，アメリカなどではいつ頃から出てきたのだろうか？　それとも，ものづくり現場での「伝票」を使用する考え方は，外国の影響を受けずに，日本で独自に発達したものだろうか。

---

6)　村井（1951）90頁。

2　日本のものづくり現場で飛び交う用語「伝票」とは？

(2)　日本では「伝票」という用語の使用は，
　　　いつごろ始まったのか？

　第二次大戦後には「伝票式工程管理」という用語が使われて
いたというが，大戦前はどうだったのか。1934 年に出版され
た『産業合理化図録』には，「製造に於ける各種の作業を統制
するため，各部の職長，係，従業者に企画部より表又は図を以
て指令する制度」として，「指図制度」があると説明した後，
その手順用書類として「材料出庫票」，「引合札」，「運搬票」，
「作業票」，「従業時間票」，「作業指導票」，「検査票」を，図と
共に掲載している。この作業手順用書類は，すべて佐藤富治
『工場管理学』(1929 年) に掲載された図を再録したものである。
　さらに『産業合理化図録』には，「企画書類取扱経路図」を
掲載し，こうした作業手順書類が企業内部をどのように流れる
かを示している。この「経路図」は，1926 年に出版された國
松豊の『科学的管理法綱要』から再録したものだが（本章扉の
図を参照)，この図中には「指導票」や「検査票」などに加えて，
「各種伝票」という表現がある。実際，國松の著書ではこの図
のタイトルは「伝票其他企画書類の取扱経路図」であった。
　また，國松豊は『工場経営論』において，「手順係が手順表
を作成したる後は，之れに示されたる作業を，示されたる順序
に実行せしむる為には，各種の傳票，……」（傍点は引用者）と

---

7)　平井 (1934) 315-317 頁。
8)　佐藤 (1929) 383-389 頁。

129

第3章　日本における革新

書き[9]，作業手順用書類と呼ばれていたものを「伝票」と呼んでいた。さらに，1941 年に出版された同じく國松豊の『工場経営の常識』というやや一般向けの書物にも，「順序係に於て諸種の傳票及び手順書類を発行する」などの表現がある[10]。

　1930 年代中頃には，手順用書類として個別には「……票」と呼ばれていたものが，総称して「伝票」と呼ばれるようになっていたと考えてよかろう。

(3)　ものづくり現場での「伝票」の使用は，日本が独自に生み出したのか？

　1930 年代には，ものづくり現場で「伝票」を使用する考えが紹介されていたのであるが，これは日本で独自に生み出されたものなのだろうか？

　前項で触れた『産業合理化図録』では，佐藤富治と國松豊の著書を引用しながら，手順書やその企業内での流れが説明されていた。この両書は，ともにフレデリック・W. テイラーのいわゆる「科学的管理」に影響を受けていることが明白な書物である。それだけでなく，『産業合理化図録』で工程内図などを引用していた洋書もテイラー協会に関係するものである。このように考えれば，テイラーの著作などが，ものづくりの現場での伝票利用に関係していると推測される。とはいえ，テイラーが「手順用書類」や「伝票」などについて，体系的に論じたも

9)　國松（1931）190 頁。
10)　國松（1941）76 頁。

のはない。

ただテイラーによる『工場管理法』の日本語訳を読むと，計画部について次のように述べている箇所がある。

　　計画部はなるべく工場の中心に近く，ひとつのところにまとめたほうがよい。計画部員がめいめいの役目によって，方々にちらばっているのはよくないと考える。この部はいわば手形交換所ともいうべき役をするところである。

　　部員が各自受持ちの役目を果たすためには，たびたび情報を交換しなければならない。部員は主として文書をもって工場にいる工員に命令を伝え，報告を受取るのであるから，できることなら各仕事について，各一枚の伝票（a single piece of paper）を用いたほうが簡単である。こうやって計画室にいる各部員が工員に指導を伝え，工員からは計画部に対して報告を戻すために伝票（another similar paper）を用いるのであるが，この命令を書いたり，工場から報告を受けると，すぐにつぎの処置をしたり，それを記録したりするためには，監部員はなるべくひとつところにいたほうが便利である（傍点，およびその訳語の原語は引用者が追加）。[11]

　この日本語訳を読んでいる限りは，テイラーは工場内での「伝票」の使用を前提にしているように思われるが，「伝票」と訳されている原語は，"paper"である。また，同書には「指導票」という用語も度々，使われているが，原語では"instruction

---

11）　テーラー（1969）129-130頁；Taylor（1919）pp.109-110.

第 3 章　日本における革新

card" である。つまり，テイラーは何らかの紙片を工場内で使
うことを想定しているようではあるが，それが日本語でいうと
ころの「伝票」にあたるのか否かは即断できない。

　しかし，『工場管理法』の文末に次の文章が掲載されている
ことに注目したい。

　　　アメリカ合衆国のヘンリー・メトカーフ大尉がフランク
　　フォード造兵廠の官営工場で発明し，完全なシステムとし
　　て導入した工場報告（shop returns）に関するカード・シス
　　テム（card system）は，管理技術における，もう一つの明
　　確な進歩の象徴である。著者はミッドヴェール・スチール
　　社で同じような制度を少しずつやりかけていたから，この
　　仕事の困難なことはよく承知している。私のシステムは漸
　　進的に発達した結果であって，メトカーフ大尉のシステム
　　のように，完全に考え抜かれた発明ではなかった。[12]

　メトカーフなる人物が導入した「カード・システム」が管理
技術の「明確な進歩の象徴」であり，それと「同じような制
度」をテイラーはやりかけていた。つまり，テイラーの『工場
管理法』の日本語訳で「伝票」や「指導票」などと言われてい
たものを，「完全なシステム」として，テイラー以前にメトカ
ーフは導入していたというのである。それをテイラーは「カー
ド・システム」と呼んでいるのである。

　このメトカーフとは，どのような人物で，どのような提言を

---

　12)　テーラー（1969）208 頁；Taylor（1919）p.202. ただし訳文はテーラ
　　ー（1969）の訳文を多少改変してある。

132

したのかを次に考察してみよう。

3 メトカーフとはどのような人物で，
どのような提言をしたのか？

(1) メトカーフとはどのような人物なのか？

　メトカーフは政府工廠に勤務する将校であり，1885 年に出版した著書や翌年のアメリカ機械技術者協会（American Society of Mechanical Engineers，以下 ASME と略）で発表した論考で，管理問題で注目を浴びた人物である。それだけでなく，メトカーフは経営学の発達史で，体系的管理論ないし運動を牽引した一人として名前をあげられる人物である。

　体系的管理論とは，アメリカで 1880 年代頃から出現し始めた経営に関する新たな動きを指している。アメリカでは製造事業体・企業の規模が大きくなり，雇用人員の数も増え，同じ事業体・企業でつくる「もの」の種類が増大した。それと呼応するかのように，経営に関する文献にも新たな動きがあったという。こうした文献の重要な部分が「マネジメントを体系化する（systematize）試みであり，管理者（managers）の仕事の一部を自動的に遂行」することや，「場合によっては，管理者が以前にはできなかったことを実施する管理手続きを作り出す試み」だったという。そして，1959 年にこうした文献の傾向を指摘

---

13)　Metcalfe（1885）.
14)　Metcalfe（1886）.

第3章　日本における革新

したジョセフ・E. リッテラーの博士論文にならって，これら
は総称して「体系的管理論」（あるいは，「体系的管理運動」）と呼
ばれることになった。

(2)　メトカーフはどのような提言をしたのか？

1886 年の ASME で，メトカーフは彼の発表を次のような言
葉で語り始めている。

　　　音符が考案される以前の音楽という芸術について想像し
　　てみよう。不朽の名作だったかもしれない楽曲でさえも，
　　歌う声が消えされば失われてしまうことを考えてください。
　　……さて，記録なしで管理することは，音符がない――耳
　　だけ――の音楽のようなものです。」[16]

　もちろん，この発言だけでメトカーフが論考で何を言おうと
したのかを理解することは困難である。だが，彼が「記憶」で
はなく「記録」に基づいて管理せよというのは，どういう意味
であろうか。

　そもそも企業や事業体は，多様な分野での記録を文書の形で
残してきたが，少なくとも 19 世紀中頃までは，文書での記録
がなかった分野があった。ものづくり現場での作業への指示が
それである。例えば，多層階の綿工場では，工場の入口などに

---

15)　Litterer（1959）pp.69-70. 後にこの博士論文は，*American Business
　　History: A Garland Series of Outstanding Dissertations* 全 30 巻の一冊とし
　　て収録され，刊行された。

16)　Metcalfe（1886）p.440.

3 メトカーフとはどのような人物で, どのような提言をしたのか?

注意事項の掲示があったとしても, 作業中の労働者のへの指示は口頭でなされていたであろう。またスプリングフィールド工廠でも, 労働者がものづくり作業によってどれほど成果をあげたか, あるいは資材をどれほど使用したか, 各労働者の作業時間や, 作業の結果としての成果については, 詳細に記録を残していた。だが, 実際にものづくり作業を行う労働者への指示は口頭でなされていたであろう。つまり, 製造作業の結果だけは文書に記録されていたが, 製造作業のプロセスやその指示については文書での記録には残されていなかった。これらを記録して管理するように, メトカーフは提案したのであった。

メトカーフは「カード」(紙片) を使って, 製造作業のプロセスを記録しようとした。製造所や工場 (ものづくりの現場) の管理者は, 製造を担当する職長に製造指示番号を記したカードを渡し, 職長は作業者を使って製造を行う。職長は使用した機械・資材などをカードに書く。作業者も自分でカードを持ち, 作業を行った時間や場所, 工具, 機械などを書く。製造指示の実施に必要な資材の要求と受け取りについても, 製造指示の番号を記したカードに必要な資材の量・質を記し, それに基づいて資材の保管担当者から資材を受け取り, 資材係は後で製造の管理者にカードで報告する。これらのカードは工場や製造所の管理者に返却され, 工場の管理事務所に集められる。

作業者たちが個々に記入したカードにより, 作業者がどのような製造作業に従事しているのかがわかり, 資材のカードからは, どの作業にどれほどの量の資材が使用されたかがわかる。

第3章　日本における革新

これだけでも，大規模な製造作業所の管理者にとっては，とも
すれば曖昧になりがちな製造所内での作業者や資材の動向が明
確になるという効果がある。それだけでなく，これらのカード
に記す記号から，作業時間，資材量だけでなく，工具や機械な
どの使用時間もわかるから，事前にそれらの記号をどの経費項
目に分類するかを決めておけば，カードを回収して，記号ごと
に分類・集計することで，製造指令ごとの製造原価もわかる。
つまり，カードは「物品の出入りなどを記載」し，会計記録の
基礎となる。まさに「伝票」（『大辞林』第三版）であり，工場管
理事務所ではカードに記載された情報を集計することで原価計
算などの情報を得ていた。

　会計情報に関する記録は，それまで冊子体の帳簿で行われて
おり，製造現場でカードを用い，その集計数値を冊子体の帳簿
に記帳することは，画期的な方法であった。メトカーフは最終
的な記録を除いて，帳簿の使用を避けるように勧めた。その理
由として，帳簿は一度に一人しか使うことができないこと，異
なる時間や場所で行われた同じような記入を纏めるには手間が
かかることなどの理由をあげていた。[17]

　メトカーフの提言を実行すれば，「作業現場のどの機械でど
のように作業が行われているかを正確に記録し，賃銀および原
材料費に対する支出権限に基づいてなされる仕事と経費のすべ
てについて，工程ごとに，あるいは製品ごとに，その時点で発

_____

17)　Metcalfe（1886）p.444.

生しつつある費用の状況を把握できることにな」り、「全工場的規模での発生原価の即時把握によって、費用の面から現場作業の進行状況を監視し、適正な管理を行う」ことになる。[18] それを支えたのが、ものづくり現場での数種類のカードへの「記録」であった。まさしく「記憶」ではなく「記録」によって、製造現場を管理しようとしていたのである。

この「カード」こそが日本では「伝票」と呼ばれることになったものであり、「伝票式工程管理」と呼ばれてきたものの淵源は、メトカーフの提言にあったのである。

4　メトカーフ提言の変革案

メトカーフが ASME でカード（彼は議論の中で、ティケットとも言っている）を用いた方法を提言してから 5 年ほどたつと、メトカーフの着想を簡便化、あるいは推し進めたとも思われる提言を示した書物が出版された。1891 年に発表されたトレゴーニングの『工場管理論』がそれである。[19]

この小冊子の著者ジョン・トレゴーニングは、リッテラーが当時の体系的管理論を担った人物の一人としてとりあげた人物であるが、リッテラーは、博士論文でもその後に発表した専門雑誌でもトレゴーイングと誤記していた。[20] このため、S. M. ジ

---

18)　大河内暁男（2001）154 頁。
19)　Tregoning（1891）.
20)　Litterer（1963）p.370, p.372.

第 3 章　日本における革新

ャコービィが「体系的管理」について論じた際にも，トレゴー
イングとなっている。ジャコービィの原書がこの表記だったた
め，邦語訳もそれにしたがっている。[21]このためもあってか，わ
が国ではトレゴーニングについても，彼の『工場管理論』につ
いても論じられたことはほとんどなかった。

　リッテラーが体系的管理論の論者の一人とした人物にふさわ
しく，トレゴーニングは『工場管理論』の序論で「体系的に
（systematically）働くことは，成功裏に働くことである。方法
（method）こそが，あらゆる堅実で相当な規模の事業が基礎と
すべき本質的な要素である」と述べている。[22]その彼がどんな提
言をしたのかを見ていこう。

　メトカーフが提案したカードを用いて管理する方法の大きな
問題点は，現場の監督者，作業者がカードに記す情報が多かっ
たことであろう。それを簡略化するために，記号などを使い，
現場での記入する手間を省くアイデアが出されていたが，その
中でも最たるものがトレゴーニングの提案であった。

　トレゴーニングは，製造を指示するカード（以下，製造指示書
カード）に工夫を加えて，特定の製造指示がどこの部署で作業
されているかが，工場の事務所でも簡単にわかるように工夫し
た。例えば，製造指示の 335 番の製造指示書カードが図 3-1 だ
と考えよう。この製造指示書カードによって，製造作業は，製
図部門（Draughting Department），型工場（Pattern Shop），機械工

21）　ジャコービィ（1989）691-672 頁。
22）　Tregoning（1891）p. iii.

4　メトカーフ提言の変革案

図 3-1　製造指示書カード
　（出典）　Tregoning（1891）p.2, Figure 2.

第3章　日本における革新

場（Machine Shop）……と担当部署を変えて進行する。作業の進行にともない，新たに製造を担当する部署は製造指示書カードの上部にある自分の部署が書いてある紙片を指示書カードから切り離し，自分の部署にある箱に入れる。この切り離した紙片を事務所の用務係（mail boy）が回収し，製造管理人のいる事務所に運ぶ。その情報にもとづき，事務所では（どの部署で作業を行っているかを一覧で示すことができる）作業管理盤（図3-2参照）に何番の製造指示がどの部署で作業が行われているか示す。この作業を製造作業が移動する度に行えば，事務所にいても製造作業がどの部署が行われているかがわかる。

　トレゴーニングの提言は，メトカーフの案を根本から変えるものではなく，それを前提として，より簡明に製造指示書カードに絞って提案したものと言える。ただ，少なくとも小冊子には製造原価の把握に関する記載が一切ないのが特徴であった。メトカーフの提言の場合には，どの機械をどのくらいの時間にわたって動かしたのか，作業者は何時間働いていたのかなどの情報をカードに記載させることで製造原価の情報を得ており，それと同時に特定の製造指令による作業がどこの部署で行われていたかを把握しようとしていた。これに対し，トレゴーニングの提言では製造原価の把握に繋がる点には一切触れずに，特定の製造指令に基づく製造作業がどの部署で行われているかを簡便に把握する点のみに特化していた。

　それでは，トレゴーニングは，製造原価を一切把握しないことにしていたのか。おそらく彼にとって，製造原価がある程度

4　メトカーフ提言の変革案

SHOP ORDER BOARD.							
Draughting Department	◯	◯	◉	◯	◯	◯	◯
Pattern Shop	·	·	◯	·	·	·	·
Machine Shop	·	·	◯	·	·	·	·
Winding Department	·	·	◯	·	·	·	·
Assembling Department	·	·	◯	·	·	·	·
Testing Department	·	·	◯	·	·	·	·
Stock Room	·	·	◯	·	·	·	·

図 3-2　作業管理盤

　（出典）　Tregoning（1891）p.1, Figure I.

141

第3章　日本における革新

まで把握できていることを前提として，製造場所の把握に焦点を絞った方策を提案したものと思われる。

5　伝票はデジタル時代には不適合なものなのか？

(1)　カードの数値情報の集約に新たな機器の導入

メトカーフのカード・システムが日本で伝票式工程管理として定着したとしても，現代の読者からすると，結局は「これは紙ベースのシステムであって，デジタル時代には適合しない」と考えられるのではないだろうか。

しかし，紙ベースの時代に既に問題はあった。多数のカード（伝票）が製造現場で記入され，そのカードに書かれた数字を集計して製造原価（賃金計算も含む）を算出することが，メトカーフの提案には含まれており，カードに含まれる情報の集計には，かなりの労力がかかったことは疑いがない。

20世紀になると，カードを使用しての製造原価の把握に力点を置いた紹介が現れる。特に，注目されるのは H. L. アーノルドの『完全なコスト管理者』という書物である[23]。この書物は，いくつかの企業におけるカードを使用する原価管理の具体例をあげただけでなく，これらの企業ではカードを使って管理を行うために，加算機（計算機）の導入が進んでいることを示していた。多くのカードを使って工場内の資材・作業者を管理して

---

23)　Arnold（1901）.

5 伝票はデジタル時代には不適合なものなのか？

いるため，このカードを整理する棚だけでなく，多数のカードからの数値の集計作業が製造原価の計算には不可欠となる。かつては，カードを使って製造現場内の資材・作業者の動向を追いかけることや，工場での製造原価を把握することは新奇なことであったが，会計情報を最初から冊子体の帳簿に記録するのではなく，カードでの情報を集計し，最終的に帳簿に記帳するようになっていった。日本でも，工場事務の観点からこのカードを使った工場管理について，金子利八郎の次のような言及があった。

　　　　[アメリカにおける] システム時代とは 1900 年から 1910 年迄を云うが，この時代に於ける事務管理の指導精神は，「システマティック」と云うことであり，システマティックと云うことは専らカードシステムを採用することであり……。[24]

カードが増え，「増加した書記計算事務を処理解決するためには，機械を用いねばならぬ」時代に入っていったのである。[25]

工場の事務管理が重要性を増すとともに，企業全体の事務管理を合理化しようと動きが出てきて，テイラーの科学的管理に触発された W. H. レッフィングウェルが 1917 年に『科学的事務管理』という書物を発表し，企業全体の事務管理を合理化しようという動きが出てくる。日本でも，このレッフィングウェ[26]

---

24)　金子（1932）141 頁。
25)　金子（1932）142 頁。
26)　Leffingwell（1917）.

143

第 3 章　日本における革新

ルの影響を受けた，金子利八郎『工場事務管理論』が 1932 年に出版された。[27]

　伝票は紙だが，扱う情報は主に数値で，それらを加減乗除する作業が主であるため，金子は各種の計算機についても言及している。当然のことながら「ソロバン」についても述べているが，特にパンチカードを使う「統計機」に触れ，その統計処理能力をたたえた。ただ，その購入金額が多額であるだけでなく，日常的に使うパンチカードの費用もかさむため，大規模な事務管理を行う事業所でも設置を躊躇していると指摘した。だが，この高機能な機器の採用を拒むことは出来ないと述べ，「殊に工場事務管理，就中機械類製造工業の場合に」は「製品原価計算事務などに對し最も効果的」だと述べていた。[28]

　この「統計機」を使う工程管理が戦前の日本で実施されていた例が実際にあった。次項でこの例を紹介したい。

(2)　パンチカード・システムを使用した工程管理の事例

　戦前の日本でパンチカード・システムを使った工程管理を行っていた著名な事例があった。それは，立川飛行機が，ワットソン統計機械株式会社（日本 IBM の前身）から入手したワットソン統計会計機械を工程管理に用いていたというものである。

　具体的には，10 行・80 桁のパンチカードと，「①材料出庫票［倉出票］，②作業票，③検査票，④支払い票が横に連続したも

---

27)　金子（1932）。
28)　金子（1932）155 頁。

144

の（これをクーポンと呼ぶ）」を使った工程管理である。クーポンが製造指図のカード——つまりは「伝票」——として生産工程を動く。クーポンが担当部署に行くと，その部分は切り取られる。例えば，材料を出庫すれば「材料出庫票［倉出票］」の部分がクーポンから切り取られ，作業が終われば「作業票」が担当部署クーポンから切り取られる。クーポンには担当部署が確認の印を押し，生産を管理する部署に回収される。クーポンが管理部署に戻ることにより，作業の進行が確認できる。最終的にはパンチカードの情報に基づいて金銭の支払いが行われる[29]。

　これは，本章の第4節「メトカーフ提言の変革案」で述べたトレゴーニングの提言に似たものであった。製造指示用のカードを使って現場での記載を省略しながら，製造の進展具合を製造管理する事務所で把握できる。他方，金銭の支払いに必要な計算はパンチカードの利用で（つまりは計算機を使って）行うことだった。

　だが，この管理法は日本で実際に第二次世界大戦前に導入され実施されたが，定着したとは言えなかった。しかしながら，これと似た手法は戦後に用いられることになる。

29）　この立川飛行機の事例については，次を参照されたい。和田（2009）
　　410-422 頁。

第3章　日本における革新

6 「かんばん」は本当にメトカーフの提言の意味で
　「カード」（伝票）なのか？

　トヨタ自動車では「かんばん」が用いられている。本章の第1節では、「かんばん」が「現品票」や「作業指示票」「移動票」の機能を果たしていることを紹介した。「かんばん」については、このように製造現場での「モノ」の動きを示す機能に即して説明されることが多い。しかし、メトカーフの提言では、製造現場での製造プロセスを把握するだけでなく、製造原価を掌握することが目指されていた。またメトカーフの「カード」をあえて「伝票」と訳した理由も、「物品の出入りなどを記載」するだけでなく、「会計記録の基礎」となるという意味合いが込められていた。これらのことに、こだわって考えてみよう。

　トヨタ自動車が外部の部品会社からの部品の納入に「かんばん」（正確に言えば、「外注かんばん」）を使用していることは、よく知られている。トヨタ自動車と部品会社との間では同種の取引が繰り返され、同じ「かんばん」が繰り返し使用されているように、外部からは見える。これだけであれば、製造プロセスを把握するだけの「カード」といってもよかろう。だが、トヨタ自動車と部品メーカーとの間では、部品の納入に基づいて金銭の授受が行われているはずである。この金銭の授受に「（外注）カンバン」は何ら役割を果たしていないのか、それを考え

6 「かんばん」は本当にメトカーフの提言の意味で「カード」（伝票）なのか？

てみたい。

(1) 「外注かんばん」はどのような役割を果たしているか？

多くの研究者やジャーナリストが，かなり以前から，この「（外注）カンバン」に着目し，説明してきた。この点について，振り返っておこう。

トヨタと外部の部品企業との間を動いている「かんばん」は，「外注かんばん」と呼ばれており，「「運搬指示情報」および「生産指示情報」」として「トヨタと協力企業［サプライヤー］相互間の情報として，縦横に駆け巡っている」[30]。

門田安広は，外注かんばんの実例（図3-3参照）を掲載し，これに記載されている内容を簡潔に説明している（図3-4）[31]。大野耐一の書物でも，図3-3と同じような図を載せているから[32]，1978年当時から外注かんばんの形状には大きな変化はなかったのであろう。

何が「外注かんばん」に記載されているかを検討してみよう。「外注かんばん」は，トヨタから発注を受けたサプライヤー（部品メーカー）が部品を製造し，運搬・搬入するためのものだから，部品を受注したサプライヤー名（図3-3，3-4では「住友電工」）が明示され，納入するトヨタの工場と具体的な場所（図3-3，3-4ではトヨタの「堤工場」の「組立」場所で，「納入ストアの

---

30) 大野（1978）52頁。
31) 門田（1985）78頁。
32) 大野（1978）52頁。

第3章 日本における革新

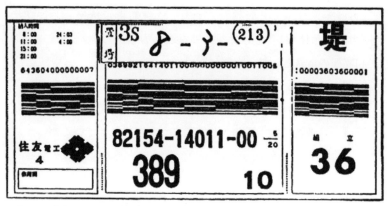

図3-3 「外注かんばん」の実例 (1)
(出典) 門田 (1985) 78頁。

6 「かんばん」は本当にメトカーフの提言の意味で「カード」(伝票)なのか?

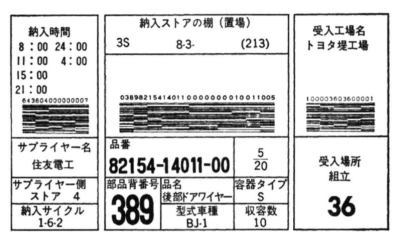

図3-4 「外注かんばん」における記載内容の説明
(出典) 門田 (1985) 78頁。

第 3 章　日本における革新

棚」の場所）が明記され，さらに納入するタイミングも（図3-3,
3-4では「納入時間」と図3-4では「納入サイクル」で）わかるよう
になっている。

　肝心の納入する部品名は，（図3-4では「BJ-1」という車種の）
「後部ドアワイヤー」であることがわかる。だが，実際に使わ
れている「外注かんばん」の図3-3では，具体的な車種名も部
品名も書かれておらず，「部品背番号」や「品番」の数字が記
載されている。部品背番号が現場で簡単に部品を特定する呼び
名だと考えると，問題は「品番」とは何かということが残る。

　「品番」とは部品番号の略である。自動車は互換性部品で製
造されており，1台の自動車には少なくとも数千の部品が使わ
れ，乗用車になると2万点もの部品が使われているという。数
種類の自動車を製造する会社では，会社全体が扱う部品点数は
驚くべき数になろう。多数の部品のなかから必要な部品を特定
するには，個々の部品に付けられた部品番号（品番）が必要と
なる。

　トヨタでは，1963年6月1日に「量産体制に即応し，新品
番を採用（旧品番は1946年に制定された)」したが，その品番と[33]
は，部品については1958年10月に完成していた10桁の数字
で構成するものだった。わざわざ数字だけで品番を策定したの[34]

---

　33)　トヨタ自動車工業（1967）864頁。
　34)　トヨタ自動車（1987）399頁。さらに，トヨタはこの品番を更に改
　　　定するが，その状況と影響については，さしあたり以下を参照。和田
　　　（2013）298-304頁。

150

6 「かんばん」は本当にメトカーフの提言の意味で「カード」（伝票）なのか？

は，当時の IBM 機への入力がパンチカードによるものであり，数字情報の入力に限られていたためであろう。トヨタでは，「昭和 28 ［1953］年 12 月には，IBM の PCS（Punch Card System）用機械の一部が入荷し」，「事務の機械化［IBM 機による事務処理］が進」んでいたが，「IBM の PCS を利用して……昭和 32 ［1957］年には，購入部品の納入計画，納入指示および受入れ，……などの計画計算業務の機械化に着手」（傍点は引用者）した。つまり，トヨタは部品メーカーなどの外部業者からの納入計画・指示や受入れにパンチカードを使い始めたのである。トヨタが「かんばん方式」を採用したのは 1963 年であるが，すぐに部品メーカーのすべてに採用したわけではない。「かんばん方式」を昭和「三十八年［1963 年］十二月には，車両の生産に部品の納入を同期化させ……［昭和］四十一年［1966 年］十二月には，三か月間の必要数の内示，日程別必要数なども織込み，対象を全仕入先に拡大した」。つまり，「かんばん方式」がサプライヤー全般に対象を拡大したのは 1966 年になってからであり，トヨタがサプライヤーから必要な部品を発注や納入指示をする際にはパンチカード・システムを使い，この当時の「品番」は 10 桁で処理していたことになろう。

　こうしたことを考慮にいれて，図 3-3，図 3-4 をみると，「品番」は，最初の 5 桁に続いて，5 桁の数字があり，さらに 2 桁

---

35)　トヨタ自動車工業（1967）427 頁。
36)　トヨタ自動車工業（1967）429 頁。
37)　トヨタ自動車（1987）376-377 頁。

第3章　日本における革新

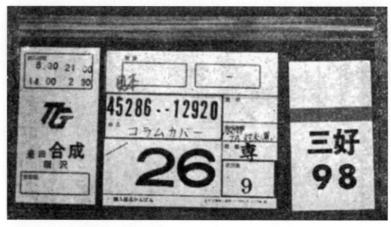

図 3-5　外注かんばんの実例 (2)
（出典）　斉藤（1978）89 頁。

6 「かんばん」は本当にメトカーフの提言の意味で「カード」(伝票)なのか?

図 3-6 外注かんばんの実例 (3)
(出典) 小川 (2020) 3 頁。

第3章　日本における革新

の数字があり，全部で 12 桁の数字となっている。しかし，こ
れらの図より以前の「外注かんばん」である図 3-5，図 3-6 の
「品番」は，5 桁プラス 5 桁，計 10 桁の数字となっている。つ
まり，「品番」は一時期，10 桁の数字だったものが，後に 12
桁の数字となったと推定できよう。

　「外注かんばん」はそこに記された「品番」情報によって，
トヨタが発注し，サプライヤーが受注した部品を特定し，決め
られた日時・場所に納入することを指示する情報となっている。
つまり，サプライヤーにとって「外注かんばん」は，「「運搬指
示情報」および「生産指示情報」」となっている。

(2)　「外注かんばん」の ND コードは
　　　何の役割を果たしているのか？

　門田は「すべての外注かんばんがバーコードかんばん」であ
り，「「OCR かんばん」ともよばれている」ともいう。実は，[38]
図 3-3 と図 3-4 の「外注かんばん」の黒と白の縞模様は，日本
電装（現・デンソー）が 1975 年に開発した「かんばん」用のバ
ーコードであり，ND コードと呼ばれるものである。[39]
　この「外注かんばん」についた ND コードはどのように使
われているのかについても，門田が説明している。部品メーカ
ーは ND コードがついた「外注かんばん」の ND コードをバ

---

38)　門田（1985）367 頁。
39)　小川（2020）2 頁。ND コード開発の経緯，意義についても，小川
　　（2020）の第 1 章が詳しい。

6 「かんばん」は本当にメトカーフの提言の意味で「カード」（伝票）なのか？

ーコード・リーダーで読み取り，納品伝票，支給伝票，受領伝票，売上伝票をプリントアウトする。部品メーカーがトヨタに部品を納入する際に，部品と「外注かんばん」とともに納品伝票，受領伝票を納入する。トヨタ側はこの二つの伝票に印を押し，部品メーカーには納品伝票を渡す。その後，トヨタと部品メーカーはこの伝票をもとに金銭の授受を行う。なお，支給伝票は，部品メーカーが受注した部品の製造をさらに外部のメーカーに委託した場合に必要になるが，ここでは省略する[41]。

　つまり，「外注かんばん」は確かに「運搬指示情報」や「生産指示情報」としての（つまり，「物品の出入り」を指示する）役割を果たしているだけでなく，トヨタと部品メーカーとの間の金銭授受にかかわる情報（つまり，「会計記録の基礎」となる情報）を生み出している。この意味で「伝票」の役割を果たしている。

(3)　NDコードの導入前，「外注かんばん」ではどのように「会計記録の基礎」となる情報を生み出していたのか？[42]

　先の第(1)項において，NDコードの導入以前の「外注かんばん」の例を，書物に掲載された写真から引用して，図 3-5，図 3-6 として掲載した。したがってこの二つの図とも NDコードはない。三つの「外注かんばん」が紙片に分かれ，ビニー

---

40)　門田（1985）367-371 頁。

41)　門田（1985）371 頁。

42)　この項については，和田（2013）の「第 1 章「かんばん」から何が見えてくるか？」も参照されたい。

155

第3章　日本における革新

ル袋に収められていた。このビニール袋全体が「外注かんば
ん」としての役割を果たしていた。NDコードがない状態でも，
「外注かんばん」に記されている情報から図3-5で説明された
情報はわかるので，「運搬指示情報」や「生産指示情報」とし
ての（つまり，「物品の出入り」を指示する）役割は果たしている。

　だが，問題はトヨタと部品メーカーとの間の金銭授受にかか
わる情報（つまり，「会計記録の基礎」となる情報）を，NDコー
ドのない「外注かんばん」では，どのように生み出していたか
である。

　トヨタは，パンチカードで購入する部品の納入計画・指示や
受け入れなどを1957年に始めていた（本章第6節(1)参照）。具
体的にどのような手続きで行っていたかも，トヨタの社史には
記載されている。「かんばん方式」が全てのサプライヤーに対
して実施される前には，一部のサプライヤーに対して，部品納
入業務に関して2種類のパンチカードを使っていた。すなわち，
トヨタがサプライヤーに部品の納入指示をする際に，まだ穿孔
されていない「分割納入カード」（パンチカード）をサプライ
ヤー側に渡し，サプライヤーが当該部品をトヨタに納入する際に
は，その部品とともに分割納入カードをトヨタ側に渡した。こ
の分割納入カードにトヨタが情報を穿孔した（必要な情報を示す
ようにパンチカードに穴をあけた）後，この分割納入カードとト
ヨタ側が保持していた「検収通知カード」との情報が一致する
ことを，IBM機で照合・確認した後に，この検収通知カード
をトヨタはサプライヤーに渡した。この後で，トヨタは戻って

6　「かんばん」は本当にメトカーフの提言の意味で「カード」（伝票）なのか？

きた分割納入カードによって，買掛金明細表を作成する。また，サプライヤーは検収通知カードから売掛金回収のための作業をした。

このようにしてトヨタとサプライヤーは，部品の納品・受領に伴う金銭授受に関する作業を進めた。ただし，ただし，サプライヤーが検収通知カード（パンチカード）を自社内で処理できる（つまり，IBM 機を保有している）例は，限られていた。このため，実質的にはトヨタが検収通知カードとともに，その内容を印刷した用紙も渡していたと思われる。

このように，全サプライヤーに「かんばん方式」が拡大する前に，トヨタとサプライヤーの間での部品納入（取引）の金銭授受についてはパンチカードが使われていた。[43]

その後，かんばん方式が定着すると，三つの紙片に分かれた「外注かんばん」が収められたビニール袋にパンチカードも入れられ，トヨタとサプライヤーの間を往来していたのである。ND コードが印刷されていない「外注かんばん」の時期でも，「外注かんばん」とともに移動していたパンチカードに，トヨタと部品メーカーとの間の金銭授受にかかわる情報（つまり「会計記録の基礎」となる情報）が生み出されていたのである。[44]

しかし，パンチカードを使うには，パンチカードに穴をあける穿孔作業には人間による作業が必要であった。しかも，部品

---

43)　和田（2013）79-84 頁。また，和田（2009）401-404 頁も参照されたい。

44)　和田（2013）87-90 頁を参照。

第3章　日本における革新

の納入回数が増えれば，この作業が多くなっただけでなく，穿
孔作業にはミスが避けられなかった。自動車の生産台数が増え，
自動車の使用も多様化して，パンチカードの取扱枚数が増え，
1965年で月間10万セットだったのが，1978年には150万セッ
トになった。パンチカードを扱う枚数が増えるとともに，ミス
も増えた。さらに，部品メーカーの納入回数も多頻度になると，
パンチカードの使用枚数が増え，さらに，パンチカードへの穿
孔回数も増え，ミスも増えた。[45] この解決策が，NDコードの導
入によって部品の納入作業からパンチカードをなくすことだっ
たのである。

(4)　「かんばん」は伝票の役割を果たしているのか？

「外注かんばん」は，導入された当初にはパンチカードと共
に動き，その後，NDコードが印刷され，さらにQRコードが
印刷されることで，トヨタが発注し部品メーカーが納入するこ
とに伴い両者の間に生ずる金銭授受に関する会計上の記録も生
み出された。もちろん，「外注かんばん」は部品とともに動く
ので，部品が納入されたかどうかも把握できる。

しかし，だからといって，製造プロセスを「記録」するとい
うメトカーフの意図を「かんばん」が体現していると言えるの
だろうか。なぜなら「外注かんばん」はトヨタが外部に発注し
た部品の納入までのプロセスに付けられているものであり，厳

---

45)　和田（2013）51-52頁，および55頁を参照。

6 「かんばん」は本当にメトカーフの提言の意味で「カード」(伝票)なのか？

密にいえば，トヨタ内部の製造プロセスとは関係がない。もちろん，部品メーカーからトヨタへの納品も自動車製造の一部であるが，経営主体が違うからこそ，部品メーカーとトヨタの間では金銭授受が必要となり，そのために ND コードなどの工夫が必要だったのである。

トヨタ社内でつかわれる「かんばん」は，加工対象の物品につけられている。しかし，社内で加工途中の部品などにつければ，それで「かんばん」だと単純に考えてはならない。トヨタの社史は 1963 年に「新たに "かんばん方式" と呼ばれる管理方式を採用して，同調管理を個々の部品加工に，さらに進んで粗形材製造工程にまで拡大強化した」(傍点は引用者) と述べ[46]，さらに，「粗形材製造から最終組立てまでの工程をすべて最終組立て工程に同調化させることにより，各工程の作業量を平均化するとともに在庫量の削減に大きな成果をあげるようになった」と念を押している[47]。自動車の最終組立て工程にそれ以前の工程を同調化させる，つまり同じ作業時間で進行させるために，トヨタは「かんばん方式」の採用前に何をしていたのかを考えてみよう。

トヨタでは部品ごとに必要な作業量（工数）を計測し，それを毎日パンチカードに記録し，月末に実働工数を割り出す。さらに検査に合格した数も測定する。こうした作業によって，部品ごとの作業時間を割り出し，部品ごとに工程などに分けて基

---

46) トヨタ自動車工業 (1967) 425 頁。
47) トヨタ自動車工業 (1967) 426 頁。

第 3 章　日本における革新

準時間を定める。こうした数値が実際に当てはまるかを，さらに月ごとに計測し，この基準時間そのものを改定する作業を行う。こうした作業をトヨタは 1954 年頃より行い，そうした記録を取っては改定していく。こうした作業により集めた情報をもとに，1958 年には一部の車体工場で生産計画を立案するようになった。さらに製造現場の情報を集め，記録・改定をすすめ，加工機械別，部品別，日程別に機械の加工時間・工程の作業量や割り当てる人数を把握していった[48]。こうした作業を経ての「かんばん方式」の採用であった。いうまでもなく，このようなデータは，パンチカードに記録をとり，当時トヨタが導入した IBM 機で処理されていた。

　大野耐一が彼の著書で書いているように，「かんばん」は組立ラインの生産計画が決められた後に，必要な部品の運搬方法を変えることになる。

　　〔トヨタでは〕いろいろトライした結果，最終的には製造工程のいちばんあとの「総組立ライン」を出発点として，組立ラインだけに生産計画を示し，組立ラインで使われた部品の運搬方法も，これまでの前工程から後工程へ送る方式から，「後工程から，必要なものを，必要なときに，必要なだけ，前工程に引き取りに行き，前工程は引き取られた分だけつくる」というやり方を追求することにした[49]。

　さらに，大野は次のように付け加える。

---

48)　和田（2013）78-79 頁。
49)　大野（1978）12 頁。

6 「かんばん」は本当にメトカーフの提言の意味で「カード」(伝票)なのか?

　　トヨタ生産方式にとっては，この日程計画の立て方が重
要である。ここで生産の「平準化」を徹底して日程計画の
なかに織り込んでいくのである。

　　前月の後半に，各ラインは種類別に一日当りの生産量を
知らされる。これをトヨタ自工［現・トヨタ自動車］では，
日当りレベルと呼んでいる。いっぽう，日程計画をさらに
平準化して並べた「順序計画」を，最終組立ラインのあた
まに，一か所だけ送ってやればよい[50]。

　つまり，トヨタが「かんばん方式」を導入するには，「順序
計画」の策定が前提である。多くの部品からなる自動車の生産
順序を決めるには，車種，色などの条件を考え，かつ多数の工
程の生産の平準化なども考慮せねばならない。このためには，
製造現場で蓄積したデータを使って，コンピュータを使用して
生産順序計画を立てる必要があった。この点は大野の著書も強
調する点である。

　　ただ私どものトヨタ自工［現・トヨタ自動車］でも，コン
ピュータそのものを拒否しているわけではない。それどこ
ろか平準化した順序計画や，計画段階における部品ごとの
日当たり必要数の計算などはコンピュータを用いてはじめ
て可能になる［傍点は原文のママ］[51]。

　しかし，コンピュータの使用は時には組立ラインなどの現場
に端末を配置することにもなり，1970年以降に作業者が端末

---

50)　大野（1978）87頁。
51)　大野（1978）71頁。

第 3 章　日本における革新

を見て作業を行うようになり，問題が生じることがあった。作業順序が混乱したのである。そのため「かんばん」や「はりがみ」などによる指示に戻ったことがあった[52]。

トヨタでは「かんばん」方式を運用するためには，「平準化した順序計画」や「部品ごとの日当たり必要数の計算」が前提であり，そのためにはコンピュータが必要となり，その計画にしたがって「かんばん」が動き，生産が進行している。こうした状況にあって，トヨタ社内で運用されている「かんばん」は，メトカーフが考えたような，それによって製造プロセスや製造原価を把握するという役割は果たしていない[53]。とはいえ，「かんばん」の運用が製造の進行を確実なものにし，一方で様々な情報機器を使いながら，製造が進行していることをチェックし，製造原価の算定が計画とのズレがないかを確認するというように，製造現場の管理に一定の役割を果たしているのである。

7　「伝票」が果たしている役割とは？
──まとめと現在の状況

日本の「ものづくり」現場では「伝票」という紙片が加工途中の仕掛品などと一緒に，製造プロセスに沿って動いている。これはメトカーフが提言し，後に「科学的管理法」のテイラーによる影響もあり，日本に伝えられた「カード・システム」に

---

52)　和田（2013）66 頁。
53)　本章，第 3 節（2）を参照。

7 「伝票」が果たしている役割とは？──まとめと現在の状況

淵源がある。日本にこの「カード」を使う手法がもたらされた時に，日本語訳として「伝票」という「会計記録の基礎となる」という意味を含めた訳語をあてたのは，メトカーフの意図にも沿ったものであった。

メトカーフは，「ものづくり」現場を記録する，つまり製造プロセスを記録する，という提言をおこなった。それまで企業や事業体は様々な分野の記録を残してきたが，「ものづくり」に関連するものでは，結果や成果を記録しただけで，「もの」をつくるプロセスを記録することはなかった。

「もの」をつくるプロセスの途上で，作業者・管理者が「カード」で記録していくことで，その記録に間違いがなければ，製造後に製造プロセスを再現でき，製造コストも把握できる可能性があった。だが，製造プロセスを逐次「カード」に記録することは，記録をする作業者・管理者には負担であり，「カード」に記録された情報を製造後に集計するのも容易ではなかった。このため「カード」の記録には簡略した記号を用いることが行われた。また，製造コストの集計のために加算器（計算機）なども発達した。また，「カード」が作業者の出退勤を把握するタイム・カードとして特化して発達すると，「タイム・レコーダー」が普及していった。

ただ「カード」に記録する作業者・管理者の負担を軽くするためのアイデアは，トレゴーニングが提示した案に典型的に示されていた。つまり，製造現場で行われる作業プロセスを，企業・事業者が把握してしまうと，製造作業がどの現場からどの

163

第3章　日本における革新

現場に移行したかを確認することに特化した「カード」を作成するようになった。製造プロセスで通過する作業現場の名称を「カード」に印刷し，製造途中の加工物がある作業現場に到着すると，その作業現場名を「カード」から切り離して管理事務所に渡すようにした。あたかも作業進行だけを確認しているようだが，実際には企業・事業所では既に製造プロセスを把握しており，およその製造原価も把握しているが，現実の製造作業の進行具合により，その製造原価の確認や修正を行っていたと考えられる。

　さらに，多数の部品から構成される製品の製造計画を合理的に進めるために，また個々の部品の製造原価の算定にコンピュータが使われるようになると，製造作業の進行は「カード」を使っていても，部品の製造原価の確認・修正にはパンチカードを使うことで，コンピュータにそのデータを反映させ，さらには作業者への支払い計算をも行うようにもなってきた。

　トヨタ自動車は，生産計画（より具体的には，平準化した生産順序計画）をコンピュータによって作成し，それの達成のための各種部品の日毎の必要量をも計算できるようになると（このためには，各種部品の製造に必要な工程ごとの工数などのデータを事前に把握する作業も必要である），最終組立ラインに順序計画を示し，「後工程から，必要なものを，必要なときに，必要なだけ，前工程に引き取りに行」くために「かんばん」と呼ばれる「カード」を使った。時には，情報機器に依存することで「カード」を廃止する動きもあったが，生産に混乱が生ずることもあ

り，「かんばん」は引きつづき使用されている。ただ，この「かんばん」という「カード」には，作業者が記載することは一切なくなっている。また，この「カード」によって製造原価を算定することもなく，すべては生産順序計画の策定の際に算定されており，その確認・調整がこの「かんばん」という「カード」の進行を確認することでなされている。場合によると，情報機器を利用しながら「かんばん」という「カード」の進行や，実際の部品製造などの進行を把握するようにもなっている。

　このトヨタ自動車と部品メーカーとの取引には「外注かんばん」という「カード」が用いられている。この取引に関係した両者の間には金銭授受が生ずるが，そのための書類を策定する必要がある。この取引も，トヨタ自動車の「平準化した生産順序計画」に基づいて行われている。部品の発注もその計画に基づいており，部品の納入・検品を確認すれば，トヨタ側は金額などの計算書類を策定して，部品メーカーに渡す。この際，パンチカードによって納品・受領に関する書類が策定されている場合には，パンチカードが実際に「外注かんばん」という「カード」とともに移動し，金銭授受に関する書類の作成に役立っていた。その後，パンチカードがND コード，QR コードに変わっても，その役割には変化はなかった。しかし，留意しておく必要があるのは，「外注かんばん」という「カード」に作業者が何らかの記載することはなかったということであり，「カード」から製造原価・発注価格の算定が行われたわけでもないということである。

第3章　日本における革新

　日本に「カード」が導入された時には，「カード」の集計に
よって製造作業のプロセスだけでなく，製造原価を把握する役
割もあったので，「カード」は「会計記録の基礎となる」とい
う意味を持つ「伝票」と訳され，普及した。しかし，企業・事
業体が，製造プロセスだけでなくその製造原価をも掌握しても，
この「伝票」という「カード」は製造作業の進展を確認するた
めに使われている。さまざまな情報機器を導入することで「カ
ード」に頼らずにこの役割を果たすことが可能になってからも，
「カード」というアナログな伝達手段が確認のために用いられ
ることが多い。

　例えば，トヨタの「かんばん」については情報機器を利用す
れば「かんばん」そのものがなくてもよいのではという議論が
なされている。だが，部品メーカー（「サプライヤー」）のなかに
は逆に「かんばん」そのものを活用しようという動きもある。
つまり「外注かんばん」は部品メーカー内部では「社内かんば
ん」に代えて部品メーカー内部での製造作業で使われるが，そ
の際「社内かんばん」の裏面に記号を印刷し，作業用工作機械
に指示を出せるように工夫して作業者の動作を補助するという
動きなどもある。[53]このように，「カード」の利用には様々な方
向性があることにも留意したい。

　もちろんメトカーフが導入を提言したように，「カード」に
より，製造プロセス・製造原価を把握しようとしている企業・

───────────

53)　和田（2018）1頁。

166

7 「伝票」が果たしている役割とは？——まとめと現在の状況

事業体もまだ存在するかもしれないが，製造作業に必要な作業量などに基づいた生産計画が多くの企業・事業体で行われるようになると，「カード」の役割は製造作業の進展を確認することが主たる役割になってきているのである。本章第1節で見たように，新郷重夫が「かんばん」の機能を，現品票，作業指示票，移動票という製造作業内の進展に関する機能に絞って説明したのも，この変化を示している。

結

　本書では，イギリスの綿工場，アメリカのスプリングフィールド工廠といった「ものづくり」（製造）の現場を取り上げ，さらには日本の製造現場で使われている「伝票」という用語を取り上げた。対象とした国を挙げてみると，イギリス，アメリカ，日本と３カ国になる。それどころか，対象とした時期もバラバラで，対象とした業種も一つではない。このように考えると，本書で取り上げた三つの章は，「それぞれ異なったテーマであり，頭に浮かんだ事例をいわば思い付きのように並べただけに過ぎない」と考えた読者（あるいは，読むかどうかと考えて本書を手にしている人）もいるだろう。そこで，このように一見，無関係のように思える対象を扱ったものを，なぜ一書にまとめたのかを簡単に説明して，本書の「結」としよう。簡単に言えば，本書は「ものづくり」（製造）の画期となる時期や事業所を具体的に分析して，「ものづくり」（製造）の管理に関する理論の形成に寄与できないかと考えて著されたものである。

　大学の経済学部，経営学部などには，歴史関係の科目がある。それらの科目では，「ものづくり」（製造）に関連するテーマが含まれることが多い。例えば，イギリスについては「産業革命」である。アメリカに関連するといえば，かなり前には「製造のアメリカン・システム」が，最近では「互換性生産」ある

169

いは「部品の互換性製造」などが取り上げられる。また，最近の日本に関しては，「重工業化」とか，特に「自動車産業の勃興」などが頭に浮かぶ。しかし，だからといって，上にあげたテーマが一つの科目で扱われることはない。また，本書の各章が扱う対象が，一つの科目で取り上げられることもない。ましてや，「ものづくり」（製造）の現場に関する管理がどのように形成されてきたのかが説明されることもない。

また，「ものづくり」（製造）現場の「管理」を扱う科目を考えてみよう。そこでは，イギリスの産業革命期の「工場」に関しても，互換性生産がアメリカで始まったと考えられる時期に関しても，事業所の名称どころか，そこでの「管理」がどうなっていたかについてさえ，ほとんど触れられることがない。19世紀末に「工場」の管理に関する新たな考えが出現してきたことに触れられても，中心的話題は「科学的管理法」あるいは，もっと現代に近い話題が中心となっていると考えられる。

たとえ，歴史関係の科目で「産業革命」が話題になり，綿産業がとりあげられ「綿工場」が話題になったとしても，その「綿工場」について具体的に語られることはない。おそらく「19世紀中ごろには多層階の紡績工場が……」と教員が言ったとしても，「それ，わざわざ言及する意味がわからない！」いうのが聞いている側の本音であろう。教える側も「産業革命期には綿業では様々な技術革新があった」と説明しても，次に続く説明は「綿業における生産量や生産額の伸び」だけであろう。

綿業の生産を支えた「工場」とは具体的にどんな「施設」だったのかへの関心も低いし，そこでの「管理」については触れられることもないため，誤解も生ずる。また，「なぜ多層階の紡績工場では，他の「工場」や「産業」で参考になるような管理論の萌芽すら生まれなかったのか」と疑問を投げかけられても，講師側にはそれに対応すべき準備がないというのが実態であろう。

　シドニー・ポラードは，この「綿工場」から「管理論」が生まれなかったことを述べてはいた。[1]だが，それと「綿工場」内部や，その操業を担当する「工場管理者」との関連についての説明は弱いと思われた。もっとも，イギリスの多層階綿工場の大きさにもかかわらず，その工場管理者の権限には制約があり，管理に関する理論も生まれなかったのである。本書第1章では，この理論化の準備として，あえて，綿工場内部などについて具体的に説明することを試みた。

　本書の第2章で考察したのは，アメリカのスプリングフィールド工廠である。このスプリングフィールド工廠を扱った理由は，「ものづくり」（製造）の歴史では，部品を互換性製造して製品をつくることが大きな画期をもたらしたと考えたからである。スプリングフィールド工廠は，互換性生産に関して大きな貢献（互換性生産を最初に実現した事業体として著名）をなした存

---

1)　ポラード（1982）。

結

在であったから，「この事業体なら，きっとなんらか「ものづくり」（製造）の現場での管理に関する理論，あるいはその萌芽が見出されるだろう」と考えた。しかも，経営史家のチャンドラーは，ロズウェル・リーがスプリングフィールド工廠の監督だった時に「互換性製造だけでなく，管理法にも大きな進展があった[2]」と論じていた。さらに，後続の研究者もまた同様の見解を述べていたので，この工廠を調べようと思った。

　実は，スプリングフィールド工廠を対象にしたかったのには，著者の個人的経験も影響している。ハウンシェルの『アメリカン・システムから大量生産へ：1800-1932』の訳業に携わり，翻訳している最中に，スプリングフィールド工廠が互換性製造に重要な役割を果たしたというのであれば，この工廠はどんな場所に立地しており，その内部に作業所はどのように配置され，その管理はどのようになっていたのだろうかと考え，日本での既存研究を探したことがあった。つまり，互換性製造という「ものづくり」に重要な節目をなした工廠なのだから，既存の研究論文を読めば簡単にわかるだろうと考えたのだが，この工廠の内部をイメージできるような論文には出会わなかった。それならばと，自分なりに工廠内部について調べようと考えたのである。さらに調べていくと，日本におけるスプリングフィールド工廠に関する研究では，ロズウェル・リーが工廠監督だった時期の管理について称揚するものが多かった。しかし，対象

---

　2) チャンドラー（1979）pp.127-131。

172

とする時期をロズウェル・リー監督以降に広げてみると，スプリングフィールド工廠には大きな問題があったことがわかった。

　その詳細については，第2章を参照していただくことにして，ここでは繰り返さない。だが，この工廠で働いていた作業者は，「工場制度」が想定するような賃労働者——ここでは，工廠で働くことから得られる賃金だけに完全に生計を依存している労働者——ではなく，工廠で働きながら農業・酪農からの収入でも生計を維持していた。工廠での作業だけに専念していたわけではなく，農業や酪農での作業が忙しくなると，工廠で作業しているはずの日に，実際には工廠では作業していないことがあった。これが，大きな敷地内に作業所が分散して配置されており（工廠の本部から距離的に離れていることもあり，本部からの監視が非常に厳しいわけでもなかった），本来ならば作業所で働く労働者を管理すべき人物も農業や酪農に従事しているため，馴れ合いの状況が生まれやすかった。

　しかも，スプリングフィールド工廠では，互換性部品の製造に従事する作業者に，きわめて厳格に算定された出来高払い給が支払われていたと考えられていたが，作業に機械が導入されて，作業の効率が上がっているはずにもかかわらず，その出来高払い給に変化がないなど，実際には労働者には極めて有利な状況になっていた。たしかに，スプリングフィールド工廠では，製造した物品（部品やマスケット銃などの完成品）についての記録やそれに使用する資材の増減，在庫量については，きわめて精密に記録がとられていた。だが，このスプリングフィールド

結

工廠で互換性部品の製造がおこなわれていたとしても，この工廠から管理にかんする理論的な体系が生まれたとは，考えにくいのである。

歴史的に見て，「ものづくり」の大きな転機になった時期と場所を取り上げることで管理の理論を形成する契機が見出されるのではないか，という単純な想定は成り立たないことがわかった。これを確認することは，それなりに意義があると思ったが，「ものづくり」の現場の管理に関する理論的契機はどこから生まれてきたのだろうかという疑問は残った。そして，特定の産業だけでなく，多くの業種に通用するような「ものづくり」の現場の管理に関する理論はどこから生まれてきたのだろうか，と考えるようになった。

正直に言えば，この探索や研究はここで終えたほうが良いとも考えた。だが，ここで研究を打ち切る前に，著者が小さな町で育って生活しているなかでよく耳にした用語である「伝票」については調べておこうと思った。なぜならば，大学の講義でも，ほとんど説明されることもなく「伝票」という用語が使われているだけでなく，現代でも日本の工場（大きな工場でも小さな工場でも）使われているにもかかわらず，この用語はどこから来たのかが，著者にはよくわからなかったのである。

それだけでなく，『ものづくりの寓話』という書物を執筆した際に参照したある書物の著者が「工程管理とは伝票管理とさえ，一般に考えられておる程である」と書いていたのが，妙に

記憶に強く残っていたからでもある。そこで，綿工場やスプリングフィールド工廠という具体的な「ものづくり」の「場所」ではなく，現場で使われているまさに「用語」そのものを検討することにした。こういう事情で，研究する対象は日本となった。

　「伝票」という用語がいつ頃から日本で使われ始めたのか調べると，第二次大戦前に当時の経営関係の専門書や入門書に紹介され始めていることがわかった。しかも，アメリカの専門書をわかりやすく紹介したものがほとんどであった。具体的な「伝票」については，アメリカの専門書に掲載されたものを，日本語に訳して紹介していたのである。つまり，日本で使われている「伝票」を示したものではなかった。しかも，「伝票」を紹介するために依拠した文献は，フレデリック・W.テイラーやその影響を受けた書物であった。しかも，紙片を意味する「カード」が，早い時期から「伝票」と日本語に訳され定着していたことがわかった。アメリカでも，製造現場で「カード」を使う意義を強調する際に，あたかもテイラーが「ものづくり」（製造）の現場で使うことを始めた人物であるかのように扱っていた。だが，これは19世紀末のアメリカ技術者協会（ASME）でメトカーフが提言したものだということもわかった[4]。彼はアメリカの政府工廠に勤めていた将校でもあり，規模が大きくなるとともに多数の製造品目を製造している現場で発生し

---

3)　村井（1951）90頁。および和田（2009）331頁参照。
4)　本書，第3章参照。

結

ていた問題を解決しようとしていた。そのために採用したのが，製造現場に働く人々に「カード」を持たせ，製造作業で何を行ったのかなどを記録させることであった。それ以前には，何を製造したか，どれほど材料を使ったのかといった製造作業の結果を後から記録することはあっても，「カード」を携帯し，どんな製造作業をしているかを記録に残すことはなかった。

　製造作業によって製品や部品が完成したのちに，振り返って結果（成果）を記録に残すのではなく，製造作業中に「カード」に記録するというこの極めて単純な方法こそ，製造作業の終了後ではなく製造作業そのものを記録することで「ものづくり」（製造現場）の管理を大きく変えた契機になったのである。これがわかると，今更ながら，メトカーフがASMEでの発表の冒頭で述べた言葉も腑に落ちるようになった。[5]それと同時に，「ものづくり」現場の管理にとって「体系的管理論」（あるいは「体系的管理運動」）が重要だったことを確認することでもあった。

　また，メトカーフの発案による「カード」の使用が，20世紀に入る頃から，フレデリック・W. テイラーが発案したかのように語られるようになっていたことについて，ずっと疑問に思っていたことも氷解した。つまり，ハウンシェルは著書の中で「テイラーリズム，ないし科学的管理，あるいは同時代の体系的管理が，どの程度までフォード［自動車会社］のハイランド・パーク工場の発展を形作り，影響を与えたのかという問

---

5)　本書，134 頁参照。

結

題」を提起していたが，あえて「フォードの取り組み方は，機械により労働を削減することであり，テイラー主義者が通例やったように，所与の生産工程をとりあげ，時間動作研究と差別的な出来高払い制度（あるいは何らかの作業報酬）によって作業者の効率を改善することではない」と否定していたのである。この結論に異論はない。だが，なぜ当時の人々はフォード自動車会社にテイラーの影響が及んでいると考えたのだろうか，と調べてみると，アーノルドとフォウローテの『フォード方式とフォード工場』には，フォード社では多数の種類の「カード」が使われていることが紹介されていた。しかも，著者の一人であるアーノルドは，「カード」を使用しての製造原価の把握に力点を置いた事例を紹介した『完全なコスト管理者』の著者でもあった。おそらく当時の人々は，フォード社で「時間動作研究」などを用いていたと考えていたわけではなく，「ものづくり」（製造）の現場で「カード」（伝票）を使うこと自体が，テイラーの影響を受けていると考えられていた。それほど，「カード」の使用はテイラーの名前と一体化していたのである。第3章では，この「伝票」（つまり「カード」）という用語が現代の日本で変容しながら受け継がれている事例として，トヨタの

---

6) ハウンシェル（1998）316頁。

7) ハウンシェル（1998）318頁。

8) Arnold and Faurote（1919）．なお，この書物はアーノルドが死去したため，二人の共著となっているが，主要な現場の観察はアーノルドが行っている。

9) Arnold（1901）．

結

「かんばん」について書いた。

　本書では，「ものづくり」（製造）の現場を管理する理論がどのように形成されたかを，実際に「ものづくり」で画期的であった時期や場所に遡って探したが，本書で扱った綿工場やスプリングフィールド工廠といった事例からは，探すことはできなかった。当初，著者が想定したことと違って，日本における「伝票」という用語から，メトカーフの「カード」に行きついた。たしかに，「ものづくり」（製造）の現場で，製造作業中に「カード」を使うという単純なことが，大きな役割を果たしていた。考えてみれば，「工場」は製造を担当する施設ではあるが，それを支える「管理事務所」（あるいは「情報」の処理）が大きな役割を持っているのも，この「カード」が持つ情報をどのように管理に資するかという課題から出てきているのである。

　また，「伝票」という紙片を，製造作業に従事する人間が製造作業の進行と同時に「運ぶ」ことが，簡単で実行しやすいことだと単純に想定してはならない。こういう作業が実現できずに困った事態が，第二次大戦前に生じていた[10]。第二次戦時中の日本では「伝票の処理」が「後回しにされた」だけでなく，「伝票の紛失が頻繁に生じ」，「伝票と現品が遊離してしまった結果，伝票を基に日程計画，生産量を把握していても無意味」になるという状況が生じた[11]。この解決のため，戦後の一時期には「推進区制方式と呼ばれる工程管理方式がわが国の製造業企

---

10)　その事例としては，以下を参照。和田（2013）35頁。

11)　和田（2009），p.140。

結

業に採用されたこと」があったのである。[12]

　本書の執筆時の考えをたどりながら「結」を書き進めてきた。この「結」の冒頭に書いたように，「本書は「ものづくり」（製造）の画期となる時期や事業所を具体的に対象にして，「ものづくり」（製造）の管理に関する理論の形成を扱えないか」と考えて，これまで筆者が対象にしたこともない綿業や綿工場から書き進めてきたが，結局は筆者がこれまで出版した著書で述べたフォード社が登場する以前に製造業で広がっていた管理の[13]状態について書いたことになることに気づいた。ここで筆をおくことにしたい。

---

12)　和田（2009），p.145。
13)　和田（2009），和田（2013）など。

文 献 目 録

序

Hoskin and Macve（1994） Keith Hoskin and Richard Macve, "Reappraising the Genesis of Managerialism: A Re-examination of the Role of Accounting at the Springfield Armory, 1815-1845," *Accounting, Auditing & Accountability Joumal*, Vol. 7, No. 2（1994）.

Raber *et al.*（1989） Michael Scott Raber, *et al.*, *Conservative Innovators and Military Small Arms: An Industrial History of the Springfield Armory, 1794-1968*（Raber Associates, 1989）.

Tyler（1883） Daniel Tyler, *Daniel Tyler: His Autobiography and War Record, Some Account of Later Years with Various Reminiscences and the Tributes of Friends*（Privately Printed, 1883）.

チャンドラー（1979） アルフレッド・D. チャンドラー，Jr. 著，鳥羽欽一郎・小林袈裟治訳『経営者の時代：アメリカ産業における近代企業の成立』上（東洋経済新報社，1979）。

ハウンシェル（1998） デーヴィッド・A. ハウンシェル著，和田一夫・金井光太朗・藤原道夫訳『アメリカン・システムから大量生産へ：1800-1932』（名古屋大学出版会，1998 年）。

第 1 章

Business History Review（1968） "James Montgomery on Factory Management, 1832," *Business History Review,* Vol. 42, No. 2（Summer, 1968 ）.

181

Byrom（2017）　　Richard J. Byrom, *William Fairbairn: The Experimental Engineer: A Study in Mid 19th-Century Engineering* （Railway & Canal Historical Society, 2017）.

Chapmann（1981-82）　　S. D. Chapmann, "The Arkwright Mills-Colquhoun's Census of 1788 and Archaeological Evidence," *Industrial Archaeology Review*, Vol. VI, No. 1 （Winter, 1981-82）.

Cossons（1972a）　　Neil Cossons ed., *Rees's Manufacturing Industry （1819-20）: A Selection from 'The Cyclopaedia; or, Universal Dictionary of Arts, Sciences and Literature' by Abraham Rees*, Vol. 2 （David & Charles Reprints, 1972）.

Cossons（1972b）　　Neil Cossons ed., *Rees's Manufacturing Industry （1819-20）: A Selection from 'The Cyclopaedia; or, Universal Dictionary of Arts, Sciences and Literature' by Abraham Rees*, Vol. 3 （David & Charles Reprints, 1972）.

Davies（1811）　　David Peter Davies, *A New Historical and Descriptive View of Derbyshire from the Remotest Period to the Present Time* （S. Mason, Belper, 1811）.

Dublin（1992）　　Thomas Dublin, *Lowell: The Story of an Industrial City: A Guide to Lowell National Historical Park and Lowell Heritage State Park, Lowell, Massachusetts* （U. S. Dept. of the Interior, 1992）.

Fairbairn（1865）　　William Fairbairn, *Treatise on Mills and Millwork. Part II, On Mchinery of Tansmission and the Construction and Arrangement of Mills,* 2nd ed. （Longmans, Green, and Co., 1865）.

Fitton and Wadsworth（1958）　　R. S. Fitton and A. P. Wadsworth, *The Strutts and the Arkwrights, 1758-1830: A Study of the Early Factory System* （Manchester University Press, 1958）.

Holden（1999）　　Roger N. Holden, "Water Supplies for Steam-powered Textile Mills," *Industrial Archaeology Review,* Vol. 21, No.1 （1999）.

Jones（1985） Edgar Jones, *Industrial Architecture in Britain: 1750-1939*（Facts on File, 1985）.

Ketabgian（2013） Tamara Ketabgian, "Orrell's Cotton Factory," *Victorian Review*, Vol. 39, No.1（Sprimg 2013）.

Lemire（1991） Beverly Lemire, *Fashion's Favourite: The Cotton Trade and the Consurmer in Britain, 1660-1800*（Oxford University Press,1991）.

Montgomery（1832） James Montgomery, *The Carding and Spinning Master's Assistant, or, The Theory and Practice of Cotton Spinning*（John Niven, 1832）.

Montgomery（1840） James Montgomery, *A Practical Detail of the Cotton Manufacture of the United States of America: and the State of the Cotton Manufacture of that Country Contrasted and Compared with That of Great Britain: With Comparative Estimates of The Cost of Manufacturing in Both Countries, Illustrated by Appropriate Engravings*（John Niven, 1840）.

Penny Magazine（1835） *The Penny Magazine*, Vol.4, No.212（July 25, 1835）.

Rees（1819） Abraham Rees, *The Cyclopedia: or Universal Dictionary Arts, Sciences, and Literature*, Vol. 22（Longman, Hurst, Rees, Orme, & Brown, 1819）.

Rees（1820） Abraham Rees, *The Cyclopedia: or Universal Dictionary Arts, Sciences, and Literature*, plates Vol. II（Longman, Hurst, Rees, Orme, & Brown, 1820）.

Rose（1986） Mary B. Rose, *The Greggs of Quarry Bank Mill: The Rise and Decline of a Family Firm, 1750-1914*（Cambridge University Press, 1986）.

Smith（1977） M. R. Smith, *Harpers Ferry Armory and the New Technology*（Cornell University Press, 1977）.

文献目録

Styles（2007） John Styles, *The Dress of the People: Everyday Fashion in Eighteenth-Century England*（Yale University Press, 2007）.

Ure（1835） Andrew Ure, *The Philosophy of Manufactures, or, an Exposition of the Scientific, Moral, and Commercial Economy of the Factory System of Great Britain*（William Clowes & Sons, 1835）.

Ure（1836a） Andrew Ure, *The Cotton Manufacture of Great Britain, Systematically Investigated and Illustrated by 150 Original Figures Engraved on Wood and Steel; with An Introductory View of Its Comparative State in Foreign Countries, Drawn Chiefly from Personal Survey,* Vol. I（William Clowes & Sons）.

Ure（1836b） Andrew Ure, *The Cotton Manufacture of Great Britain, Systematically Investigated and Illustrated by 150 Original Figures Engraved on Wood and Steel; with An Introductory View of Its Comparative State in Foreign Countries, Drawn Chiefly from Personal Survey,* Vol. II（William Clowes & Sons）.

Williams and Farnie（1992） Mike Williams and D. A. Farnie, *Cotton Mills in Greater Manchester*（Carnegie, 1992）.

アシュトン（1973） T. S. アシュトン著，中川敬一郎訳『産業革命』（岩波文庫，1973 年）。

内田（1981） 内田星美「紡織機の発明と工場の成立」（荒井政治・内田星美・鳥羽欽一郎編『産業革命の技術：産業革命の世界②』有斐閣，1981 年）。

オウエン（1961） ロバアト・オウエン著，五島茂訳『オウエン自叙伝』（岩波文庫，1961 年）。

大河内（2001） 大河内暁男『経営史講義』第 2 版（東京大学出版会，2001 年）。

塩見（1978） 塩見治人『現代大量生産体制論：その成立史的研究』（森山書店，1978 年）。

中岡（1971） 中岡哲郎『工場の哲学：組織と人間』（平凡社，1971

年）。

中川（1986）　中川敬一郎『イギリス経営史』（東京大学出版会，1986 年）。

ハウンシェル（1998）　デーヴィッド・A. ハウンシェル著，和田一夫・金井光太朗・藤原道夫訳『アメリカン・システムから大量生産へ：1800-1932』（名古屋大学出版会，1998 年）。

ポラード（1982）　シドニー・ポラード著，山下幸夫・桂芳男・水原正亨訳『現代企業管理の起源：イギリスにおける産業革命の研究』（千倉書房，1982 年）。

堀江（1971）　堀江英一「綿業工場」（堀江英一編著『イギリス工場制度の成立』ミネルヴァ書房，1971 年）。

ランデス（1980）　D. S. ランデス著，石坂昭雄・冨岡庄一訳『西ヨーロッパ工業史：産業革命とその後 1750-1968』（みすず書房，1980 年）。

レイノルズ（1989）　T. S. レイノルズ著，末尾至行・細川呉延・藤原良樹訳『水車の歴史：西欧の工業化と水力利用』（平凡社，1989 年）。

和田（2009）　和田一夫『ものづくりの寓話：フォードからトヨタへ』（名古屋大学出版会，2009 年）。

第 2 章

Abbott（1852a）　Jacob Abbott, "The Armory at Springfield," *Harper's New Monthly Magazine*, Vol. 5, No. 26（1852）.

Abbott（1852b）　Jacob Abbott, *Marco Paul's Voyages & Travels: Springfield Armory*（Harper & Bros., 1852）.

Cooper（1988）　Carolyn C. Cooper, " 'A Whole Battalion of Stackers': Thomas Blanchard's Production Line and Hand Labor at Springfield Armory," *The Journal of the Society for Industrial*

Archeology, Vol. 14, No. 1 (1988).

Dalliba (1823) Maj. James Dalliba, "Armory at Springfield," *American State Papers, Class V, Military Affairs II*, Vol.5, No.246 (1823).

Deyrup (1948) Felicia Johnson Deyrup, *Arms Makers of the Connecticut Valley: A Regional Study of the Economic Development of the Small Arms Industry, 1798-1870* (George Banta Publishing Company, 1948).

Fuller (1930) Claud E. Fuller, and United States Army Ordnance Department, *Springfield Muzzle-Loading Shoulder Arms: A Description of the Flint Lock Muskets, Musketoons and Carbines and the Muskets, Musketoons, Rifles, Carbines and Special Models from 1795 to 1865 with Ordnance Office Reports, Tables and Correspondence and a Sketch of Springfield Armory* (Francis Bannerman Sons, 1930).

Hoskin and Macve (1994) Keith Hoskin and Richard Macve, "Reappraising the Genesis of Managerialism: A Re-examination of the Role of Accounting at the Springfield Armory, 1815-1845," *Accounting, Auditing & Accountability Journal*, Vol. 7, No. 2 (1994).

MacKenzie (2015) Alex MacKenzie, *Springfield Armory* (*Images of America*), (Arcadia Publishing, 2015).

Raber (1988) Michael Scott Raber, "Conservative Innovators, Military Small Arms, and Industrial History at Springfield Armory, 1794-1918," *The Journal of the Society for Industrial Archeology*, Vol. 14, No. 1 (1988).

Raber *et al.* (1989) Michael Scott Raber, *et al.*, *Conservative Innovators and Military Small Arms: An Industrial History of the Springfield Armory, 1794-1968* (Raber Associates, 1989).

Rosenberg (1969) Nathan Rosenberg ed., *The American System of*

Manufactures: the Report of the Committee on the Machinery of the United States 1855 and the Special Reports of George Wallis and Joseph Whitworth 1854 [*presented to the House of Commons by command of Her Majesty*] (Edinburgh University Press, 1969).

Smith (1977)　　Merritt Roe Smith, *Harpers Ferry Armory and the New Technology: The Challenge of Change* (Cornell University Press, 1977).

Tull (2001)　　Bruce K. Tull, "Springfield Armory as Industrial Policy: Interchangeable Parts and the Precision Corridor" (unpublished Ph.D thesis at the University of Massachusetts at Amherst, 2001).

Tyler (1883)　　Daniel Tyler, *Daniel Tyler: His Autobiography and War Record, Some Account of Later Years with Various Reminiscences and the Tributes of Friends* (privately printed, 1883).

United States (1842)　　United States, *Armory Springfield Massachusetts. Report of the Board Convened at Springfield* (*Mass.*) *August 30 1841 to Examine into the Condition and Management of Springfield Armory. May 9 1842.* Submitted to the House by Mr. Goggin and Ordered to Be Printed, 1842.

Uselding (1973)　　Paul Uselding, "An Early Chapter in the Evolution of American Industrial Management," in Louis P. Cain and Paul J. Uselding eds., *Business Enterprise and Economic Change: Essays in Honor of Harold F. Williamson* (The Kent State University Press, 1973).

Whittlesey (1920)　　Derwent Stainthorpe Whittlesey, "The Springfield Armory: A Study in Institutional Development" (unpublished Ph.D thesis, University of Chicago, 1920).

スミス (1984)　　M. R. スミス「軍事企業家」(オットー・マイヤー＝ロバート・C. ポスト編, 小林達也訳『大量生産の社会史』東洋

経済新報社，1984 年，所収）。

チャンドラー（1979）　アルフレッド・D. チャンドラー，Jr. 著，鳥羽欽一郎・小林袈裟治訳『経営者の時代：アメリカ産業における近代企業の成立』上（東洋経済新報社，1979 年）。

ハウンシェル（1998）　デーヴィッド・A. ハウンシェル著，和田一夫・金井光太朗・藤原道夫訳『アメリカン・システムから大量生産へ：1800-1932』（名古屋大学出版会，1998 年）。

橋本（2013）　橋本毅彦『「ものづくり」の科学史：世界を変えた《標準革命》』（講談社文庫，2013 年）。

森（1996）　森杲『アメリカ職人の仕事史：マス・プロダクションへの軌跡』（中公新書，1996 年）。

第 3 章

Arnold（1901）　Horace Lucian Arnold, *The Complete Cost-Keeper: Some Original System of Shop Cost-Keeping or Factory Accounting, together with an Exposition of the Advantages of Account Keeping by Means of Cards instead of Books, and a Description of various Mechanical Aids to Factory Accounting*, 3rd edition（The Engineering Magazine Press, 1901）.

Baughman（1969）　James P. Baughman ed., *The History of American Management: Selections from the Business History Review*（Prentice-Hall, 1969）.

Leffingwell（1917）　William Henry Leffingwell, *Scientific Office Management*（A.W. Shaw Co., 1917）.

Litterer（1959）　Joseph E. Litterer, "The Emergence of Systematic Management as Shown by the Literature of Management from 1870 to 1900"（unpublished Ph.D thesis, University of Illinois, 1959）.

Litterer（1963）　Joseph E. Litterer, "Systematic Management:

Design for Organization Recoupling in American Management Firm," *Business History Review*, Vol. 37, No. 4 （1963）.

Metcalfe（1885）　Henry Metcalfe, *The Cost of Manufactures and the Administration of Workshops, Public and Private*（J. Wiley & Sons, 1885）.

Metcalfe（1886）　Henry Metcalfe, "The Shop-Order System of Accounts," *Transactions of the American Society of Mechanical Engineers,* 7（1886）.

Taylor（1919）　Frederick Winslow Taylor, *Shop Management*（Harper and Bros., 1919）.

Tregoning（1891）　John Tregoning, *A Treatise on Factory Management Being a Comprehensive and Practical Scheme for the Better Management of Factories*（Press of Thos. P. Nichols, 1891）.

大河内（2001）　大河内暁男『経営史講義』（第二版）（東京大学出版会，2001年）。

大野（1978）　大野耐一『トヨタ生産方式：脱規模の経営をめざして』（ダイヤモンド社，1978年）。

小川（2020）　小川進『QRコードの奇跡：モノづくり集団の発想転換が革新を生んだ』（東洋経済新報社，2020年）。

金子（1932）　金子利八郎『工場事務管理理論』（千倉書房，1932年）。

國松（1926）　國松豊『科学的管理法綱要』（巌松堂書店，1926年）。

國松（1931）　國松豊『工場経営論』（商学全集6）（千倉書房，1931年）。

國松（1941）　國松豊『工場経営の常識』（千倉常識講座）（千倉書房，1941年）。

小谷（2008）　小谷重徳『理論から手法まできちんとわかるトヨタ生産方式：入門書の決定版』（日刊工業新聞社，2008年）。

斉藤（1978）　斉藤繁『トヨタ「かんばん」方式の秘密：超合理化マニュアルを全面解剖する』（こう書房，1978年）。

文献目録

佐藤（1929）　佐藤富治『工場管理学』（東洋図書，1929 年）。

ジャコービィ（1989）　S. M. ジャコービィ著，荒又重雄・木下順・平尾武久・森杲訳『雇用官僚制：アメリカの内部労働市場と良い仕事の生成史』（北海道大学図書刊行会，1989 年）。

新郷（1980）　新郷重夫『トヨタ生産方式の IE 的考察：ノン・ストック生産への展開』（日刊工業新聞社，1980 年）。

チャンドラー（1979）　A. D. チャンドラー，Jr. 著，鳥羽欽一郎・小林袈裟治訳『経営者の時代：アメリカ産業における近代企業の成立』上（東洋経済新報社，1979 年）。

土屋（1966）　土屋守章「アメリカにおける「管理の科学」形成の基盤」（『経営史学』第 1 巻第 2 号，1966 年）。

テーラー（1969）　F. W. テーラー著，上野陽一訳編『科学的管理法〈新版〉』（産業能率短期大学出版部，1969 年）。

富田・糸久（2015）　富田純一・糸久政人『コア・テキスト生産管理』（新世社，2015 年）。

トヨタ自動車（1987）　トヨタ自動車株式会社編『創造限りなく：トヨタ自動車 50 年史』（トヨタ自動車，1987 年）。

トヨタ自動車工業（1958）　トヨタ自動車工業株式会社社史編集委員会編『トヨタ自動車 20 年史』（トヨタ自動車工業，1958 年）。

トヨタ自動車工業（1967）　トヨタ自動車工業株式会社社史編集委員会編『トヨタ自動車 30 年史』（トヨタ自動車工業，1967 年）。

平井（1934）　平井泰太郎 撰竝ニ著『産業合理化図録』（春陽堂，1934 年）。

藤本（2001）　藤本隆宏『生産マネジメント入門（Ⅰ）生産システム編』（日本経済新聞社，2001 年）。

ボーマン編（1972）　J. P. ボーマン編，古川栄一監訳『アメリカ近代経営史』（日本経営出版会，1972 年）。

村井（1951）　村井勲『企業合理化のための生産技術』（コロナ社，1951 年）。

門田（1985）　門田安弘『トヨタシステム：トヨタ式生産管理システム』（講談社，1985年）。

和田（2009）　和田一夫『ものづくりの寓話：フォードからトヨタへ』（名古屋大学出版会，2009年）。

和田（2013）　和田一夫『ものづくりを超えて：模倣からトヨタの独自性構築へ』（名古屋大学出版会，2013年）。

和田（2018）　和田一夫「企業の独自性とは『型破り』だ」『旬刊経理情報』No.1503（2018年2月10月号）。

結

Arnold（1901）　Horace Lucian Arnold, *The Complete Cost-Keeper: Some Original System of Shop Cost-Keeping or Factory Accounting, together with an Exposition of the Advantages of Account keeping by Means of Cards instead of Books, and a Description of Various Mechanical Aids to Factory Accounting,* 3rd edition（The Engineering Magazine Press, 1901）.

Arnold and Faurote（1915）　Horace Lucien Arnold and Fay Leone Faurote, *Ford Methods and the Ford Shops*（Engineering Magazine, 1915）.

ハウンシェル（1998）　デーヴィッド・A. ハウンシェル著，和田一夫・金井光太朗・藤原道夫訳『アメリカン・システムから大量生産へ：1800-1932』（名古屋大学出版会，1998年）。

村井（1951）　村井勲『企業合理化のための生産技術』（コロナ社，1951年）。

ポラード（1982）　シドニー・ポラード著，山下幸夫・桂芳男・水原正亨訳『現代企業管理の起源：イギリスにおける産業革命の研究』（千倉書房，1982年）。

和田（2009）　和田一夫『ものづくりの寓話：フォードからトヨタ

文献目録

へ』（名古屋大学出版会，2009 年）。

和田（2013）　和田一夫『ものづくりを超えて：模倣からトヨタの
独自性構築へ』（名古屋大学出版会，2013 年）。

あとがき

　2020年3月に大学を退職し，残務整理や部屋を片付けで数カ月を経ると，何も強制されることが（長い通勤時間も）なくなり，自由な時間が増えた。子供たちは独立しているし，妻が外出していることがわかると不機嫌になる猫たち（凜太郎と趣）に呼び出され，餌を与えたり機嫌とりをすることもなくなった。2匹とも数年前に「虹の橋」をわたっていた。まったく誰にも何も強制されることがなくなったのである（健康維持のために定期的な通院はしなければならなかったが）。世の中は「ステイ・ホーム」が声高に叫ばれていた頃だった。

　そのようななか，誰に強制されるわけでもなく，イギリス綿業を調べようと思った。これまで綿業史を専門的に取り上げようとしたことは一度もなかったが，綿工場の内部がどうなっていたのかだけは調べてみたくなった。

　筆者は1960年代末まで地方の小さな町の商店街で育ったが，その町には小さな町工場が数多くあった。大学に入って，（その頃，多くの学生がそうだったように）真面目に講義に必ず出席したわけではなかった。だが，ある講義で「イギリスの産業革命を経て，綿工場が5，6階になっていた」という話を聞いた記憶がよみがえった（なにかの書物に書いてあったのか，今となって判然としない）。これが地方の田舎から上京した学生にとっては衝撃だったのである。知っていた町工場は小さな平屋だったし，その町の大きな工場でも，平屋には変わりはなかった。上京する前に5階や6階を超えるビルを見たのは，一年に一度か二度連れて行ってもらった

あとがき

百貨店だけだったから，「そんな高い建物が工場だったのか」と驚いたのである。「その工場の内部はどうなっているんだろう」と素朴に思った（北国に育った筆者が，小学生の頃に叔父に連れられ観光した時に，「東京では，冬でも空が青い」ことに衝撃を受けたようなものだ）。

だが，工場内部については，大学でも大学院でも誰も説明してくれなかった。就職してからイギリスの野外博物館で「クオリー・バンク・ミル」（Quarry Bank Mill）という綿工場を見学すると，「階段を上下することの大変さ」を実感した。この綿工場は動力も変遷しており，産業革命当時の綿工場を調べるには適当ではないと思ったが，火災の危険などは実感できた。ユーアの書物では綿工場を紹介した論考にも出会ったが，「なぜ綿工場内を仕掛品が上下するのか」についての説明はなかった。

そんなことが頭の片隅にあったのか，強制されることもなくなり自由に時間を使えるようになった途端，まさに闇雲に，綿工場内部の情報を求めて探し回った。といっても「ステイ・ホーム」で，大学の図書館なども閉館されていたので，頼るのはインターネットと自分で買い求めていた書物だけだった。なんとか，本書で述べたノース・バンク・ミルの図面が掲載されていた文献にインターネットで辿り着いたのは，数カ月後であった。辿り着いてみると，自分が既に買い求めていた書物に復刻・掲載されており，整理の悪さを後悔したものだった。

この綿工場の2事例だけで，綿工場の一般的な動向がわかるはずもなく，もう無理かとも思った。だが，多数の綿工場が廃棄される前に調査した報告があったことを思い出し，なんとか一応はわかるだろうとホッとし，それまで調べたことメモ書きに残した。

スプリングフィールド工廠に関しては，綿工場の内部の解明に

あとがき

目安がついたあと，アメリカ議会図書館に収蔵されていたタイラーという人物の自伝を退職前に取り寄せていたので，それを読みながら，インターネットでも情報を探した。第2章に掲載した図（図2-5）が載っている雑誌論文を見つけたことや，かなり前のある未公刊博士論文がスプリング工廠での状況を詳しく述べていたことに大いに助けられた。その後さらに，軍人として初の工廠監督となった人物（ロズウェル・リー）を誹謗する文書まで読み進むことになった。

こんな風に調査を進めていき，2023年の正月を迎える頃になって，知り合いの編集者から相次いで，新年の挨拶とともに「何をしているか」というようなメールがあった。綿工場の内部を調べていることを知らせると，「出版する気はないのか？」という打診があった。その時まで，個人的な興味で続けていたこともあって，出版は念頭になかったので，驚いた。

研究者であれば，調べたものを纏めて，発表することは当然なのかもしれない。だが，本当に個人的な関心から，いささか細かな事に執着して調べてきたものを出版することは，想像していなかったのである。逡巡したものの，結局，「出版」に向けて準備することにした。

出版を勧めてくれた編集者の一人が有斐閣の藤田裕子さんである。実は，書物を上梓する企画をいろいろ提案していただいたこともあり，準備も進めていたものの，筆者の努力不足で実現しなかった不義理が多々ある方でもあり，出版をお願いすることにした。

そもそも覚書のようなメモ書きの状態だったものを出版できる原稿にするのに悪戦苦闘し，縦書きにしてみたり，横書きにしてみたりと試行錯誤を経て，たまたま2023年11月に上京する機会

あとがき

があったので，原稿の一部の草稿を藤田裕子さんにお見せできた。だが，その際，藤田さんから「私の定年退職までに，完成してくださいね」と言われた。つまり，まだ出版できる段階の原稿にはなっていなく，これまでのように結局は出版できないままで終わるのではないかと危惧されたのだと思う。このまま脱稿せず，また約束を果たさないまま編集者の方を退職させるわけにはいかないと思い，それから，原稿を完成させようと筆者なりに努力を重ねた。

　一応，原稿を藤田さんに提出したのが 2024 年 9 月であった。これで終わりというわけではなく，書物にするための表題など様々な指摘があっただけでなく，メモ書きの段階から原稿にしたため，語句など諸々の点で齟齬があり，校正作業をしていただいた有斐閣 OB の伊東晋さんには普段以上のご苦労をおかけした。この藤田，伊東さんのお二方には書物の内容・構成までに立ち入ったアドバイスを頂いたことに，感謝したい。

　最後に，退職した後，部屋に閉じこもって好き勝手やっている私を気分転換に連れ出すなど，いろいろと気をつかってくれた妻・芳にも感謝したい。

　　　2025 年 1 月

和 田 一 夫

索　引

人名索引

あ行

アークライト，R.　10, 11, 16
アーノルド，H. L.　142, 177
アボット，J.　80, 81, 88
内田星美　54
オウエン，R.　16, 45, 46, 60-62, 67
大野耐一　147, 160, 161

か・さ行

金子利八郎　143, 144
國松豊　129, 130
佐藤富治　129, 130
ジェファーソン，T.　73
ジャクソン，A.　110-112
ジャコービィ，S. M.　137
新郷重夫　124, 126, 165
ストラット，J.　10, 16, 30
ストラット，W.　18, 23, 45
スミス，M. R.　104, 109

た行

タイラー，D.　105-113, 115
ダリバ，J.　74
タルコット，G.　110
チャップマン，S. D.　11
チャンドラー，A. D.　2, 72, 103, 104,

170
テイラー，F. W.　130-132, 143, 162,
175-177
ディラップ，F. J.　104, 113
トレゴーニング，J.　137, 138, 140,
145, 163

な・は行

中岡哲郎　9
ニード，S.　10
ハウンシェル，D. A.　81, 88, 172, 176
フェアベーン，W.　56-58
フォウローテ，F. L.　177
藤本隆宏　126
ブランチャード，T.　81
ボムフォード，G.　109
ポラード，S.　171
堀江英一　20, 43

ま・や行

ムーディ，P.　48
メトカーフ，H.　132-142, 146, 158,
162, 163, 166, 176, 178
森杲　72
モンゴメリー，J.　60-69
門田安弘　154
ユーア，A.　20, 36, 45, 56
ユーセルディング，P.　103

ら・わ行

ランデス，D. S.　7
リー，R.　2, 74, 95-99, 102-104, 108-

索　　引

110, 113, 120, 121, 172, 173

リッテラー，J. E.　　134, 137, 138

リプリー，J, W.　　74, 90, 95, 114-116, 119

レッフィングウェル，W. H.　　143

ロブ，J.　　74, 110-114, 116

ワズワース，D.　　74

事項索引

アルファベット・数字

ASME　→アメリカ機械技術者協会

ND コード　　154-158, 165

OCR かんばん　　154

PCS　→パンチカード・システム

QR コード　　158, 165

1842 年型式銃　　74

あ 行

アークライト型綿工場　　11, 12

アップルトン工場　　48

アボットの探訪記　　81, 85, 88

アメリカ機械技術者協会（ASME）　　133, 134, 137, 175, 176

アメリカとイギリスの違い　　65

アメリカの綿工場　　65

アルビジョン製粉工場　　18

イギリス産業革命　→産業革命

『イギリスにおける綿製造』（ユーア）　　20

移動票　　125, 126, 146

ウイロウ機　　37

ウィング　　24, 25, 28, 32, 34, 42, 49

ウエスト・ミル　　22

ウォーター・ショップス　　77, 81, 83, 87, 98, 116, 118, 119

　　——とヒル・ショップスの分離　　92, 93

　　——の集約　　120

ウォーター・フレイム（機）　　30, 32, 47

請負銃器主任検査官　　109

運 河　　5

運搬指示情報　　147, 155

運搬人　　45

エレベーター（巻上装置）　　33, 43-46, 50, 56, 58

凹型の工場　　34

落としハンマー　　81

オレル氏の工場　　19, 21, 33, 35, 36, 38, 43, 46, 47, 49, 53, 55-58, 66

か 行

カード　　135-138, 142, 143, 163-166, 176-178

　　——の役割の変化　　167

　　——への記録　　137

　　——を使った工場管理　　143

カード・システム　　132, 142, 143, 162

会計記録の基礎となる情報　　155-157

会計情報に関する記録　　136

会計担当兼軍需品管理者　　96, 98, 99

会計帳簿の記載　　99

改造資金　　64

階段状の工場　　55

外注かんばん　　146-149, 152-155, 157, 158, 165, 166

　　——の記載内容　　149

事項索引

——の実例　152, 153

外部業者からの納入計画・指示や受け入
　れ　151

開　綿　32, 55

科学的管理（法）　130, 162, 168, 176

『科学的管理法綱要』（國松）　129

『科学的事務管理』（レッフィングウェル）
　143

革　新　4

加工作業の順序　8

火　災　17, 18

傘歯車　25, 30, 40, 41, 46-48, 62

加算器（計算機）の導入　142

鍛冶作業所　87

下流水力作業所　80, 81, 87

革ベルト　46, 48

監査と認可　99

『完全なコスト管理者』（アーノルド）
　177

かんばん（カンバン）　3, 124, 146,
　147, 161, 162, 164, 177

　　バーコード——　154

かんばん方式　124, 151, 156, 159-161

管理者の仕事　133

管理上の理論　69

管理責任者　95

管理の理論　68

簡略化した記号　163

機械化の進展　106, 108

機械の速度やドラフトの調整　61

機械の導入　118, 120

機械への付き添い工　73

企画書類の取扱経路図　123, 129

基準時間の改訂　160

既　読　134

キャリッジ　39

給与格差　96

鋸歯状の屋根　36, 43, 55

金銭授受にかかわる情報　155, 157

金属の精密加工技術　48

勤務時間　115, 119

クーポン　144, 145

クオリー・バンク・ミル　21

組立ライン　160

倉出表　145

クロムフォード　10, 11, 16

軍人の監督　114

計画計算業務の機械化　151

計画部　131

計　算　61, 62

計算機　145, 147

検査委員　116, 119

研削作業所　83

捲糸機　31

検収通知カード　156, 157

原動機　8, 9

現品票　125, 126, 146

研磨作業所（場）　83, 84, 87

原　綿　42

　　——の消費量　7

　　——の保管　55

工業プロレタリアート　7

合糸機　31

工場管理者　10, 63, 64, 67, 72

　　——向け実務書　63

『工場管理学』（佐藤）　129

『工場管理法』（テイラー）　131, 132

『工場管理論』（トレゴーニング）　137

『工場経営論』（國松）　129

『工場事務管理論』（金子）　144

199

索　引

工場制の成立　15
工場内の構造の標準化　57
工場内の中間在庫の移動　56
工場内物流　67
工場の設計　56, 57
高層建築　6
工　程　9
　──の同調化　159
　──の配置の変更　51
　──のレイアウト　57
工程編成　31, 42, 65
　──の標準化　56
　──の変革提案　67
互換性生産（製造）　97, 114, 117, 118,
　169-172
互換性部品　2, 73, 74, 88, 150, 173
国営工廠　99
個人記号　101
　──の刻印　100, 102
コネティカット川　75, 76, 85, 93
コンピュータ　161, 164

さ 行

細練紡機　39, 42
作業管理盤　140, 141
作業機械　8, 9, 40, 41, 51
　──の荷重や振動　50
　──の監視　69
　──の重量　49
　──の速度　62
　──の配置（レイアウト）　6, 9, 30,
　57
作業結果の記録・記帳　121
作業時間　108
作業指示票　125, 126, 146
作業手順用書類　129, 130

作業伝票　127
作業の進展のコントロール　73
作業票　145
指図制度　129
サプライヤー　147, 151, 152, 156, 157,
　166
産業革命　1, 7, 169, 170
『産業合理化図録』　129, 130
仕掛品の移動（経路）　9, 32, 42, 56
仕掛品の運搬　45, 50
仕掛けカンバン　125
時間動作研究　177
指導票　131, 132
自動ミュール機　42
事務館　87
社内かんばん　166
シャフト　25, 40, 41, 46-49, 59, 62, 64,
　65
　──の回転数　62
銃床作業所　87
銃　身　79
　──の製造　83
出勤時間と労働時間の設定　118
手動ミュール機　39, 41
受領伝票　154
順序計画　160, 161
準備工程　37
蒸気機関　34, 36, 37, 87, 94, 120
　──の設置　119
蒸気ハンマー　94
蒸気力　13, 94
情報機器　166
上流水力作業場　80, 83, 85, 92
職　長　98, 99
職人的気質　118

200

事項索引

織布工場の分離　43
織布工程　43
シリンダー式梳綿　11
進行作業　8
新　版　150
新武器庫　90, 91
水　車　21, 24, 25, 83, 85, 94, 120
水晶宮博覧会　2, 76
推進区制方式　178
垂直シャフト　41, 46, 47
水平シャフト　40, 41, 46-48
水　力　10, 11, 80, 94
水力作業所（場）　81, 82, 115, 116
　──の集約　119
　──の特質　118
水力紡績工場　16
水力綿工場　21
ストックポート　33
ストラット家の工場群　32
スプリングフィールド　72
スプリングフィールド工廠　2, 71-
　121, 135, 171-173
　──の監督　95
　──の監督の権限　96, 97
　──の管理　87, 105, 117
　──の工廠長の給与　96
　──の工廠長の住居　90
　──の困難　73
　──の生産実績　104
　──の動力源　94
　──の広さ　77
　──の名目賃金　116
　──の問題　92, 121, 171
　──の立地　75, 78
スプリングフィールド探訪記　80

スロッスル精紡機　39, 42
整経機　39
生産計画　164
生産指示情報　147, 155
生産順序計画　164
『生産マネジメント入門』（藤本）　126
製造原価　136
　──の算定　165
　──の情報　140
　──の把握　142, 164
製造作業の指示の記録　135
製造作業の部署　140
製造指示書カード　138-140
製造指令ごとの製造原価　136
製造に要する作業時間　108
製造のアメリカン・システム　169
『製造の哲学』（ユーア）　20
製造プロセスの記録　135, 158, 163
精紡機　37
精紡作業　32
セジウィック工場　56
専門的な建築業者　57
総組立ライン　160
装　置　59
粗紡機　37
ソロバン　144

　　　　た　行
ダーウェント川　16, 17, 21, 22, 24
耐火構造　18
体系的管理論（運動）　134, 176
タイム・カード　163
タイム・スタディ（時間研究）　108
タイム・レコーダー　163
多層階の工場　11
　──と平屋造りの工場　14

201

索　引

——内の物流　56

——の利点　52

多層階の建物　6, 8

多層階の（綿）紡績工場　1, 6, 51, 170

——の外観　54

——の工程編成　55

多層階の綿工場　13, 15, 134, 171

——の工程編成　63

立川飛行機　144

打綿作業　32

『ダリバ報告書』　74, 76, 80, 81, 83, 85, 90, 92, 98, 101, 105, 107, 108

単層階紡績工場の利点　52

中間在庫品の輸送　92

中流水力作業所　80-83, 85, 92

賃金額の調整　115

賃金総額　102

賃労働者　171

テイラーリズム　176

出来高給（賃金）　98, 101, 107, 111-113, 117, 120, 121, 173, 177

——の算定基準　105

——の賃金設定　108

——の賃率の見直し　118

出来高払い給　→出来高給

デジタル時代　142

鉄道の敷設　93

伝導機構（の配置）　8, 9

伝　票　3, 4, 124, 126-128, 130-132, 136, 137, 145, 155, 162, 166, 169, 174, 175, 178

3つの——　124

——の処理　178

——の紛失　178

伝票式工程管理　127, 129, 137, 142

電　力　14

統計機　144

同調管理の拡大　159

動力源　36

動力伝達　25, 40, 46

動力に関する費用　49

凸型の建物・工場　21, 24, 26-29

トヨタ自動車（トヨタ）　124, 146-162, 164

トヨタ生産方式　124, 125, 161

トラヴィス・ブルック工場　20

　　な 行

流れ作業方式　6

日曜学校　30

日程計画　161

日本電装　154

撚糸機　31

納品伝票　154

ノース・ミル　16-18, 21-33, 43, 46, 47, 49, 55, 58

——の図面　19

——の本館　26, 29

糊付機　40

　　は 行

バーコード　154

ハーパーズ・フェリー工廠　74, 114

ハイランド・パーク工場　6, 174

歯　車　25, 47, 49, 59

発生原価の即時把握　137

発注価格の算定　165

はりがみ　162

パンチカード　144, 145, 151, 156-159, 164, 165

パンチカード・システム（PCS）　144, 151, 154

事項索引

引き取りカンバン　125

平屋建ての建物・工場　6, 8, 14, 36, 58

ヒル・ショップス　71, 77, 85-87, 90, 98, 119, 120

品質チェック　100, 103

品番　→部品番号

プーリー（滑車）　40, 41, 46

フォード　174, 177

『フォード方式とフォード工場』（アーノルド他）　177

部品ごとの作業時間　159

部品ごとの日当たり必要数　161

部品背番号　150

部品の運搬方法　160

部品の互換性製造　170, 171

部品の発注・納入・検品　165

部品番号（品番）　150-153

部品メーカー　146, 154, 166

　　──との取引　165

フランスの工廠　106

ブランチャード旋盤　81, 87

ブローイング機　37

分割納入カード　156

分散する作業所　97

文民監督　95

兵器工長　96, 98, 99

兵器工長補佐　98, 99

兵器の製造所　72

平準化した生産順序計画　165

ベルト　40, 46, 48

ベルパー　16, 17, 23, 24, 30, 32

紡糸工程　42

紡織兼営工場　13, 42, 66

紡績工場と紡織工場の分離　52

紡績工場の幅　53, 54

ま 行

巻上装置　→エレベーター

マコネル・ケネデイ社　56

マスケット銃　73, 74, 77, 79, 83, 87-90, 100, 106-108

　　──の組立作業　88, 89

　　──の構造　79

　　──の製造　83

　　──の総コスト　116

　　──の発射装置　79

マンチェスター　5, 13, 14, 16, 34

ミ　ス　158

ミッドヴェール・スチール社　132

ミュール機　31, 39, 41, 42, 54

ミュール紡績工場の幅　53

ミル川　76, 80

ミルフォード　17

綿　業　1

綿工場　7, 21

　　──の管理者　59

　　──の設計　57

　　──の内部　8

ものづくり現場　1

　　──の管理　169-172

　　──の管理の理論　172

　　──の記録　163

ものづくりの画期　169

や・ら・わ行

溶接工　118

溶接作業所　81, 83

ライフル　79

ラッピング機　37

ランカシァー州　13, 14

力織機　8, 13, 40, 42

リバー・ミル　93

203

索　引

リバー・ルージュ　6
梳綿機　30-32, 37, 42, 49
梳綿作業　32, 37
梳綿までの準備工程　55
梳毛工程　55, 68
リング紡績機　54
練条機　31, 37, 42, 49
練紡機　37, 42

連邦工廠　75
労働規律　113
労働者　72
　――の行動　112, 117
　――の責任　100, 102
　――の反乱　97
労働の細分化　97
ワットソン統計会計機械　144

著者紹介　　和田一夫（わだ・かずお）

東京大学名誉教授

1973 年　一橋大学商学部卒業，1975 年　一橋大学大学院経済
学研究科修士課程修了，1978 年　同博士課程単位取得退学，
1987 年　ロンドン大学ロンドン・スクール・オブ・エコノ
ミクス大学院博士課程修了，1989 年　ロンドン大学博士
（Ph.D）

南山大学経営学部講師，助教授，東京大学経済学部助教授を
経て，同大学院経済学研究科教授，2007〜2020 年東海学園
大学経営学部経営学科教授

主要著作

*Fordism Transformed: The Development of Production
Methods in the Automobile Industry*, Oxford University
Press, 1995（共編著）.

『見えざる手の反逆——チャンドラー学派批判』（レズリー・
ハンナと共著訳）有斐閣，2001 年

『豊田喜一郎伝』（由井常彦，トヨタ自動車歴史文化部と共
著）名古屋大学出版会，2002 年

『ものづくりの寓話——フォードからトヨタへ』名古屋大学
出版会，2009 年（日経・経済図書文化賞，産業技術史学会
賞受賞）

『企業家ネットワークの形成と展開——データベースからみ
た近代日本の地域経済』（鈴木恒夫，小早川洋一と共著）
名古屋大学出版会，2009 年

『ものづくりを超えて——模倣からトヨタの独自性構築へ』
名古屋大学出版会，2013 年

Evolution of the Toyota Production System, Springer, 2020.

ものづくりの革新
——英米日の歴史に見る製造現場の管理

Innovations in Manufacturing: Management of Manufacturing Sites in British, American, and Japanese History

2025 年 4 月 20 日　初版第 1 刷発行

著　者　　和田一夫

発行者　　江草貞治

発行所　　株式会社有斐閣

　　　　　〒101-0051　東京都千代田区神田神保町 2-17

　　　　　https://www.yuhikaku.co.jp/

印　刷　　精文堂印刷株式会社

製　本　　牧製本印刷株式会社

装丁印刷　株式会社亨有堂印刷所

落丁・乱丁本はお取替えいたします。定価はカバーに表示してあります。

©2025, kazuo WADA.

Printed in Japan. ISBN 978-4-641-16644-8

本書のコピー，スキャン，デジタル化等の無断複製は著作権法上での例外を除き禁じられています。本書を代行業者等の第三者に依頼してスキャンやデジタル化することは，たとえ個人や家庭内の利用でも著作権法違反です。

|JCOPY|　本書の無断複写（コピー）は，著作権法上での例外を除き，禁じられています。複写される場合は，そのつど事前に，（一社）出版者著作権管理機構（電話 03-5244-5088, FAX03-5244-5089, e-mail: info@jcopy.or.jp）の許諾を得てください。